KB179579

나는
민주주의
세상에서
살고
있을까?

나는 민주주의 세상에서 살고 있을까?

교과서 속 소설로 사회 보기

김세연 지음

봄풀

프롤로그

　'최승호'라는 시인이 있습니다. 그의 시는 대학수학능력시험에 단골 출제된다고 합니다. 어느 날 그가 자신의 시를 바탕으로 출제된 수능시험 문제를 풀어보았는데, 정답을 맞히기가 쉽지 않았다더군요. 더 당황스러웠던 점은 본인이 쓴 시의 작가 의도를 묻는 문제를 틀렸다는 겁니다. 시의 창작자가 본인의 의도를 맞추지 못하는 상황이라니…… 이보다 더 황당한 일이 있을까요?

　왜 그렇게 되었을까요? 그는 정말 자신이 시를 통해 표현하려 했던 것들을 까맣게 잊어버리고 만 걸까요? 설마 그렇지는 않겠죠. 작가들은 하나의 작품, 한 편의 시를 쓸 때에도 오랜 시간 고민할 뿐만 아니라 완성한 후에도 수십, 수백 번 문장을 다듬고 고칩니다.

그렇다면 왜 그런 일이 일어났을까요? 작가의 의도가 작가의 생각과는 다르게 해석되었기 때문입니다. 이는 문학작품의

내용을 한 가지로만 해석하고 가르치는 현재의 학교 교육 행태에 그 원인이 있습니다. 정답 하나만을 맞혀야 하는 시험에는 정해진 하나의 해석만을 정답으로 인정할 수밖에 없으니까요.

이래서는 시나 소설 등 문학작품을 제대로 이해할 수가 없습니다. 작품을 읽고 자신이 느낀 점을 기억하기보다는 선생님이 가르쳐준 해석만을 외워야 하니까요. 창의성을 외치는 학교 교육이 스스로 창의성을 파괴하는 결과를 낳는 모순에 빠져 있는 것입니다.

여기서는 십대들이 배우는 국어나 문학 교과서에 실린 작품을 중심으로, 그 작품들이 다양한 각도에서 해석될 수 있음을 보여줍니다. 그 해석은 학교에서 선생님들이 가르쳐준 것 또는 참고서에 적힌 정답과 같을 수도, 다를 수도 있습니다. 다만, 작품에 내재된 의도를 꺼내 보려 노력했으며, 작품의 시대적 배경을 바탕으로 작가가 무엇을 말하려 했는지에 대해 고민했다는 점만은 분명합니다.

이 책에는 《홍길동전》, 《상록수》, 《동물농장》 세 작품이 실려 있습니다. 세 작품 모두 지금 우리가 살고 있는 사회에서의 중요한 가치들을 이야기합니다. 그 가치들을 알아가는 좋은 기회가 되길 바랍니다.

덧붙이자면, 이 책에서 말하는 것 역시 정답이 아닙니다. 문학작품의 해석은 언제나 독자의 오롯한 몫이기 때문입니다. 하지만 이 책의 내용과 원전을 읽은 후 자신의 느낌을 비교해 본다면 더욱 알찬 책읽기가 될 수는 있으리라 생각합니다. 십대 여러분이 즐겁게 책을 읽을 수 있는 날이 빨리 오기를 희망합니다.

2017년 봄, 어느 도서관에서
김세연

차례

프롤로그 ... 4

1장 《홍길동전》으로 보는 규칙

1. 규칙은 꼭 필요할까? ··· 13
규칙을 지키면 잘살 수 있을까? | 규칙은 늘 옳을까?

2. 규칙은 누가 왜 만들까? ··· 23
규칙은 누가 만들까? | 규칙은 미래를 반영할까? | 잘못됐다고 말할 수 있을까? | 모두가 행복한 규칙은 없을까?

3. 잘못된 규칙, 어떻게 할까? ··· 32
저항하면 안 될까? | 어떻게 해야 고칠 수 있을까?

2장 《상록수》로 보는 자유와 평등

1. 대학생들은 왜 농촌으로 갔을까? … 45
그들은 왜 농촌부터 갔을까? | 그들은 농촌에서 무얼 했을까?

2. 평등한 사회가 가능할까? … 55
차별은 왜 일어날까? | 세상일에 꼭 관심을 가져야 할까? | 왜 감시가 필요할까?

3. 정말 국민이 국가의 주인일까? … 71
왜 다수가 고통을 받을까? | 사회구조를 바꿀 수 있을까? | 지금도 역사는 발전하고 있을까?

4. 나는 돈에서 자유로울 수 있을까? … 83
가난한 사람은 왜 계속 가난할까? | 정말 사람이 돈보다 먼저인 세상일까? | 돈이 신분을 결정할까?

3장 《동물농장》으로 보는 독재

1. 독재는 먼 나라 이야기일까? … 95
연예인에게 왜 중립을 지키라고 할까? | 민주주의와 사회주의는 진짜 반대일까?

2. 비판정신은 왜 필요할까? … 102
왜 새로움을 추구해야 할까? | 내 삶은 나만의 책임일까?

3. 권력은 어떻게 독재를 할까? … 111
부정부패는 어떻게 시작될까? | 언론은 늘 사실만 보도할까? | 어떻게 잘못을 정당화시킬까? | 왜 적을 만들까?

에필로그 … 127

1장

《홍길동전》으로 보는 규칙

규칙은 꼭 필요할까?

"아, 야, 어, 여…… 기역, 니은, 디귿, 리을……."

한글 자음과 모음입니다. 혹시 한글이 만들어진 이유를 아시나요? 대한민국 사람이라면 세종대왕이 한글을 만들었다는 건 다 알지만 훈민정음에 나와 있는 이유 말고는 잘 모릅니다.

"우리나라 말이 중국과 달라 문자와 말(음성)이 서로 맞지 않으니 어리석은 백성들이 이야기하고 싶은 게 있어도 제대로 못하는 사람이 많다. ……."

윗글은 1443년 12월에 만들어진 한글을, 3년여가 지난 1446년 9월, 왜 한글을 만들었는지 백성들에게 이유를 알리면서 반포한 '훈민정음'의 앞부분입니다. 그렇게 우리나라 고유의 위대한 문자인 '한글'은 세상에 모습을 드러냈습니다.

그렇다면 한글을 만든 목적은 오로지 이뿐이었을까요?

당시 양반들, 즉 지배계층은 한자를 문자로 사용하고 있었습니다. 모든 책이나 문서가 한자로 되어 있었죠. 그들이 한자를 문자로 사용하는 데는 아무런 문제가 없었습니다. 불편하지도 않았고요. 하지만 고려를 지나 성리학*을 통치이념으로 하는 조선이라는 나라에서는 백성들에게 성리학을 이해시킬 필요가 있었습니다. 그래야만 왕의 뜻을 백성들이 이해할 수 있고 왕의 통치에 잘 따라줄 수 있으니까요. 하지만 한자는 백성들이 익히기에는 너무나 어려웠죠. 세종대왕이 한글이라는 쉬운 문자를 만든 이유도 그 때문입니다.

---

* 송나라 때의 주희가 집대성한 성리학은 사람에게는 변하지 않는 본성과 각각 다른 기질이 있다고 주장합니다. 기질이 다르기 때문에 귀한 것과 천한 것으로 나뉜다며 신분제를 당연하게 생각했죠. 조선은 성리학자들에 의해 기초가 다져진 나라였습니다.

정부 입장에서 국가를 다스리려면, 특히 왕이 통치하는 봉건 시대에는 국민들이 정부의 정책을 잘 따라주어야 합니다. 그런 데 글을 몰라 정책 자체를 이해하지 못하면 어떻게 될까요? 왜 그래야만 하는지 모르는 국민들은 자꾸 불만을 얘기합니다. 심 하면 국가가 추진하는 정책에 반대할 수도 있고요.

한글을 만든 이유는 글을 모르는 백성들이 쉽게 글을 배울 수 있도록 하려는 뜻도 있었지만, 그 뒤에는 백성들을 편하게 통치하기 위해서라는 속내도 들어 있었던 겁니다.

이유야 어떻든 다른 나라들의 문자와 비교해 뛰어난 독창성, 과학성, 실용성 등을 세계에서 인정받은 한글의 위대함은 아무 리 칭송해도 모자란다는 점 또한 분명한 사실입니다.

규칙을 지키면 잘살 수 있을까?

한글은 이처럼 아주 쉽게, 아무리 무지한 백성이라도 금방 깨칠 수 있도록 만들어진 문자였습니다. 하지만 그것을 쓰고 읽을 수 있다고 해서 당시 국민의 대다수를 차지했던, 평민이나 노비였던, 백성들이 과거시험을 보고 관직에 올라 출세할 수 있는 것은 아니었습니다. 게다가 성리학을 이해한다고 해서 팍팍한 삶이 달라지지도 않았습니다. 흙수저가 금수저가 될 가능성은 없었던 거죠.

그럼에도 한글은 점점 평민들만의 언어로 자리 잡아 나갔습니다. 그리고 자기들의 이야기를 한글로 풀어내면서부터 양반인 지배계층과는 다른 세상을 바라보게 되었습니다. 중국을 상국(上國)으로 떠받들면서 한자를 최고로, 한글을 천한 문자로 취급하는 양반들의 세상에서 살아가던 백성들이, 한글이 등장한 이후에는, 엄밀히 말하면 한글이라는 문자를 익힌 이후에는, 양반의 세상이 아닌 백성의 세상을 꿈꾸게 되었다는 뜻입니다.

한글이 등장한 이후에는 백성들이 자기들의 생각을 표현하기 시작했습니다. 하지만 그 생각들을 그대로 글로 나타냈다가

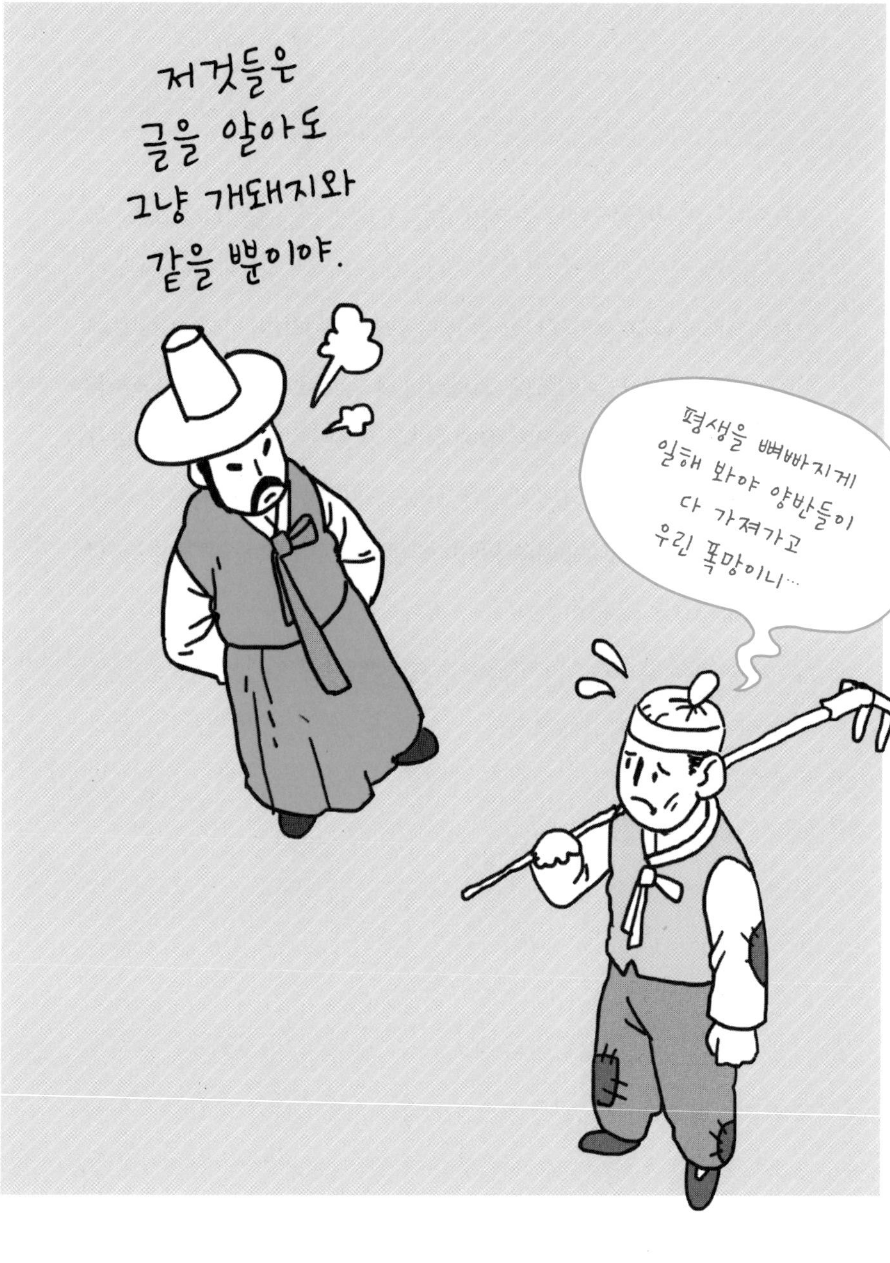
저것들은 글을 알아도 그냥 개돼지와 같을 뿐이야.
평생을 뼈빠지게 일해 봐야 양반들이 다 가져가고 우린 폭망이니…

는 신변이 위태로워질 수도 있었습니다. 크게는 양반이 주인인 세상에 대든다는 이유로, 작게는 양반을 욕보였다는 죄를 뒤집어쓰고 엄한 처벌을 받을 게 뻔했으니까요.

백성들은 자신의 생각을 말하고 싶었지만, 그렇다고 국가의 처벌을 받고 싶지는 않았습니다. 안전한 의사표현의 수단이 필요했던 것이죠. 고민하던 백성들은 그래서 자신의 생각을 소설로 표현하고자 했습니다. 소설의 간접적인 메시지 전달방식이 백성의 안전을 보장해 주리라 믿었던 것이죠. 그렇게 백성의 언어로 탄생한 것이 우리나라의 첫 번째 한글 소설 《홍길동전》입니다.

하지만 안타깝게도(?) 《홍길동전》의 지은이는 지배를 당하던 일반 백성이 아니라 지배계층이었던 양반 '허균'입니다. 조선 중기 임금의 자리에서 쫓겨난 광해군의 스승이자 친구였죠. 당시 그는 둘째가라면 서러울 정도로 유명한 양반 가문에서 태어났습니다. 형은 지금의 행정자치부 장관격인 이조판서를 지낸 허성이고, 남성 중심 사회에서 비극적인 삶을 살다 스물일곱에 생을 마친 천재 여류시인 허난설헌이 누나입니다. 허균 역시 형조판서를 지냈는데, 지금으로 치면 법무부 장관에 해당하는 직급이죠.

규칙은 늘 옳을까?

　당시에는 '서얼제도'라는 규칙이 있었습니다. '서얼'들은 모두 아버지가 양반이었음에도 양반으로 인정을 받지 못했습니다. 어머니의 신분에 따라 자식의 신분이 정해졌기 때문입니다. 아버지가 양반이어도 어머니가 중인이면 그 사이에서 태어난 자식도 중인인 '서자'가 되고, 어머니가 천민이면 같은 천민인 '얼자'가 되었습니다.

　양반들은 얼자는커녕 서자와도 어울리지 않았습니다. 신분이 다르면 어울리지 않는 게 규칙이었으니까요. 하지만 허균은 어려서부터 서얼들과 같이 글을 읽고 토론도 했습니다. 집안 분위기가 그만큼 자유로웠기 때문이죠.

　그러면서 서얼들 중에도 능력이 뛰어난 사람이 많다는 사실을 자연스럽게 알게 된 허균은 그들이 능력을 발휘하지 못하는 현실을 안타까워했습니다. 일찍부터 서얼제도와 같은 규칙의 문제점을 알았던 것입니다. 그의 소설 속에 등장하는, 얼자였지만 능력이 출중했던, 주인공 홍길동도 마찬가지 인물이었습니다.

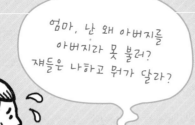

어린 길동은 자신이 처한 상황을 이해할 수 없었습니다. 왜 자신이 아버지를 아버지라 부르지 못하고 형을 형이라 부르지 못하는지, 답답하고 원통한 마음에 밤늦도록 마당을 배회하는 일이 잦았습니다.

그런 길동에게 양반인 아버지가 묻습니다.

"너는 무슨 일이 있어 밤이 깊도록 자지 않느냐?"

길동은 공손하면서도 당당하게 자신의 생각을 말합니다.

"제가 평생 서러워하는 것은, 저도 대감의 정기를 받아 당당한 남자가 되었음에도, 아버지를 아버지라 부르지 못하고, 형을 형이라 못하니 어찌 사람이라 하겠습니까?"

길동이 가슴속에 늘 간직하고 있던 답답함을 눈물과 함께 처음 입 밖으로 쏟아내었을 때 아버지는 이렇게 이야기합니다.

"재상 집안에 천한 종의 몸에서 태어난 자식이 너뿐이 아닌데 네 어찌 방자함이 이와 같으냐. 앞으로 다시 이런 말을 하면 내가 정말로 너를 눈앞에 두고 보지 않겠느니라."

'모든 사람이 그 규칙을 지키고 있으니 아무리 이해가 안 되는 규칙이라도 지켜야 한다.'는 뜻이 담긴 아버지의 말은 길동에게 큰 충격을 주었습니다.

규칙이란 사회를 유지하기 위한 기본질서를 말합니다. 사람들 사이에 불필요한 다툼을 줄여주기도 하죠. 따라서 규칙을 지키는 일은 매우 중요합니다. 그 규칙에 본인이 동의했다면 더더욱 그렇습니다. 그렇다면 조선시대의 규칙은 어떠했을까요?

규칙은 누가
왜 만들까?

군주제 국가였던 조선은 신분제가 뚜렷이 유지되는 사회였습니다. 태어날 때의 신분에 따라 할 수 있는 일과 할 수 없는 일이 명확히 정해져 있었죠. 각자의 신분에 따른 차별은 당연한 일이었습니다.

그런 조선에서 가장 높은 신분은 양반입니다. 양반은 교육을 받을 수 있고 과거시험을 볼 수 있었죠. 양반만이 국가를 다스리는 자리에 오를 수 있었다는 뜻입니다. 전체 인구에서 양반이 차지하는 비율이 5% 정도였다고 하니 정말 소수의 사람만이 특권을 누렸던 것입니다.

규칙은 누가 만들까?

　가장 낮은 신분은 천민이었는데, 인구의 절반 정도가 이에 해당했습니다. 그 대부분은 노비였고요. 노비들은 대개 농사를 짓거나 물건 만드는 일을 했습니다. 당시는 농업으로 살아가고 있었으니 농사를 짓는 노비들이 조선의 경제를 책임졌다고 해도 과언이 아닙니다. 소수의 양반들이 오로지 공부에만 전념할 수 있었던 데는 이와 같은 천민들의 희생이 밑바탕에 깔려 있었던 거죠.

　권력을 쥔 양반들이 만든 조선의 신분제는 양반들에게 엄청난 혜택을 주는 반면 천민들은 견디기 어려운 차별을 감내해야만 하는 제도였습니다. 하지만 이는 조신시대를 유지시켜 주는 규칙이었죠. 위반하면 죽음까지도 감수해야 할 정도로 엄한 처벌을 받아야 했으니까요.

　신분제를 없앤다는 것은 양반들이 그동안 누려왔던 돈과 권력을 포기한다는 뜻입니다. 나라가 망하지 않는 한 양반들에게는 도저히 용납할 수 없는 일이었죠. 그런 면에서 길동의 아버지가 길동에게 규칙을 지키라고 호통을 치는 건 양반들로서는 당연한 행동이었습니다.

내 밑으로 다 집합!
너희들 것도 내 꺼.
내 것도 내 꺼!!
흐흐, 모두 내가 만든
규칙이지롱!

"재상 집안에 천한 종의 몸에서 태어난 자식이 너뿐이 아니거든, 어찌 마음을 좁게 먹어 어미의 애간장을 태우느냐!"

아버지 홍 판서가 했던 말과 너무나 비슷하지 않나요? 아버지에게 꾸중을 들은 길동이 늘 자기편이었던 어머니께 속마음을 털어놓았을 때 어머니가 한 말입니다. 어머니는 양반이 아닌, 신분제 때문에 고통을 받는 노비였습니다. 그럼에도 길동의 어머니는 길동에게 아버지와 똑같은 말을 합니다. 왜 그랬을까요?

먼저 길동이 자칫 큰 벌을 받게 될까 두려웠을 겁니다. 어머니라면 당연히 걱정이 되겠죠. 거기에 한 가지 덧붙이자면 사람들은 기본적으로 규칙을 지키려는 성향을 보인다는 점입니다. 조선시대처럼 임금을 비롯한 양반들에 의해 규칙이 만들어졌을 때 그런 성향은 더욱 강해집니다. 자기보다 똑똑한 사람이 만든 규칙은 문제가 없을 테니 무조건 따르는 게 좋다는 논리입니다. 나쁘게 말하면 일종의 노예근성이라고 할 수 있죠.

규칙은 미래를 반영할까?

여러분 생각은 어떤가요? 조선시대 신분제와 같은 규칙은 정말 잘못된 것이었을까요? 이때 꼭 감안해야 할 점이 있습니다. 지금 시대를 기준으로 생각하면 안 된다는 겁니다. '조선'이라는 시대를 배경으로 판단해야 합니다. 그럼에도 만약 그 규칙이 잘못된 것이었다면 우리는 어떻게 해야 할까요? 그냥 순순히 지켜야 할까요, 바꾸려고 해야 할까요?

사실 모든 규칙에는 단점이 있습니다. 규칙은 주로 과거에 있었던 일을 참고해 만들어집니다. 따라서 미래를 반영하지 못합니다. 세상이 변해 가는 속도에 맞춰 바뀔 수가 없다는 말이죠. 그러다 보니 서로 처한 상황에 따라 갈등이 일어날 수밖에 없습니다.

조선의 신분제도 마찬가지였습니다. 조선후기로 갈수록 백성들의 의식이 성장하면서 평등사상이 널리 퍼져 나갔음에도 낡은 신분제는 여전히 차별을 강요했습니다. 그리고 마침내 신분제를 지키려는 양반들과 허물려는 백성들이 충돌하고 말죠. 동학농민운동이 그것입니다.

잘못됐다고 말할 수 있을까?

조선시대나 지금이나 사람들이 모여 살아가는 곳의 규칙이 잘못되었다면, 만약 그 규칙이 모두에게 똑같이 적용되지 않고 불평등하다면, 그 규칙에 대해 문제를 제기하고 바꾸려고 노력해야 합니다. 규칙은 모두가 공평하게 살아가기 위해 정해 놓은 것이기 때문입니다.

하지만 바꾸기는커녕 문제를 문제라고 이야기하는 것조차 쉬운 일이 아닙니다. 임금과 양반들이 규칙을 만들고 권력을 독차지했던 조선시대처럼 잘못된 규칙으로 인해 이익을 취하는 지배계층이 존재하고 있는 때라면 더욱 어렵습니다. 힘없는 백성들이 문제를 제기하다가는 죽을 수도 있었으니까요.

그렇다면 조선시대가 아닌, 지금의 민주주의 국가에서는 어떨까요? 잘못된 규칙이 있을 때 우리는 쉽게 그에 대한 문제를 제기할 수 있을까요?

일반적으로 집에서는 식사시간을 지켜야 한다거나 침대 또는 방 정리를 해야 하는 규칙 등에 대해 쉽게 문제를 제기합니다. 자신에게 부당하다고 생각되면 엄마 아빠나 어른들께 항의하고 바꾸려 합니다. 그리고 바꿔주지 않으면 가끔 울거나 집을 뛰쳐나가기도 하죠.

반면, 국가의 규칙에 대해서는 조금 다른 태도를 취합니다. 기존의 규칙이 부당해도 우선은 지키려고 합니다. 즉, 국가의 규칙으로 자신에게 손해가 있어도 지키는 것이 더 옳다고 생각합니다. 또 그렇게 배우기도 하죠.

국가 또는 가정이라는 틀 말고는 별 차이가 없는데도 대응하는 방법은 이처럼 다릅니다. 규칙은 구성원을 위해 존재한다는 사실은 변함없는데 말입니다.

왜 그럴까요? 저는 조선시대 백성들이 느꼈던 두려움을 지금도 똑같이 느끼기 때문이라고 생각합니다. 가정에서 잘못되었거나 불공정하다고 생각되는 규칙에 대해 문제를 제기하면 어른들이 생각의 다른 점을 이해시켜 주거나 잘못된 규칙을 바꾸지만, 국가는 아무리 잘못된 규칙이더라도 지키지 않거나 반대하면 자유를 박탈해 감옥에 가두거나 벌금을 내게 만드니까요. 국가의 규칙에 문제를 제기하는 것은 훨씬 큰 위험이 존재하죠.

모두가 행복한 규칙은 없을까?

국민이 모두 100명인 나라가 있다고 가정해 보겠습니다.

100명 중에는 열심히 일하는 한 명의 대통령이 있고, 9명의 회사 사장이 있으며, 90명의 노동자가 있습니다. 그리고 국회의원 5명 중에는 회사 사장이 3명, 노동자가 2명입니다. 이 나라에는 한 가지 규칙이 있는데, 이 규칙을 지키면 회사 사장들에게는 큰 이익이 돌아가지만 노동자에게는 상대적으로 이익이 적게 돌아갑니다. 여러분이 만약 노동자라면 그 규칙을 계속 지키겠습니까? 아니면 이익을 좀 더 나눌 수 있게 규칙을 바꿔야 한다고 말하겠습니까? 반대로 회사의 사장이라면 어떻게 할까요?

민주주의 국가에서 규칙은 국민이 선출한 국회의원을 통해 만들고, 그 규칙을 국민이 지킵니다. 국민의 손으로 국민을 위해 만드는 것이죠. 그게 바로 '법'입니다. 하지만 그럼에도 불공정하거나 잘못된 규칙에 의해 다수가 불이익을 당하기도 하고 소수가 불이익을 당하기도 합니다. 때로는 100명의 나라와는 반대로 다수만이 행복해지기 위해 소수가 희생하는 규칙이 있을 수도 있습니다. 그 규칙은 올바르다고 할 수 있을까요? 아마 꼭 그렇게 말할 수는 없을 듯 보입니다. 소수의 권리도 보호받아야 하니까요.

불공정한 규칙, 잘못된 규칙은 국가뿐만 아니라 가정, 동아리, 학교 등 어떤 집단에나 있을 수 있습니다. 규칙을 공정하게 만드는 일, 모두를 만족시키는 규칙을 정하는 일은 매우 어렵습니다. 하지만 한 가지, 그게 어느 곳이든 우리가 규칙을 지키기 위해 존재하는 게 아니라 규칙이 우리를 위해 존재한다는 사실을 잊지 말아야 합니다.

잘못된 규칙,
어떻게 할까?

조선시대에는 부인을 여럿 두어도 법적으로 아무 문제가 없었습니다. 길동의 아버지 홍 판서 역시 둘째 부인이 있었습니다. 홍 판서의 둘째 부인 이름은 초란이었는데, 그녀는 교만한 데다가 사악하기까지 했습니다. 초란은 홍 판서의 이쁨을 독차지하고 싶었지만 불행히도 아들을 낳지 못했습니다. 반면, 길동의 어머니인 춘섬은 노비였지만 대감의 아들인 길동을 낳았죠. 홍 판서는 용꿈을 꾸고 낳은 아들 길동을 무척 아꼈습니다.

당연히 초란의 마음이 질투로 가득 찬 것은 이상하지 않았습니다. 결국 초란은 자신의 마음을 주체 못하고 길동을 없애

에헤이,
어디 그 정도 실력으로!
내가 바로 그 유명한
홍길동이라고!

려고 하죠. 하지만 길동을 없애는 방법이 마땅치 않았습니다. 그러던 중 초란은 용한 무당이 있다는 소문을 듣고 찾아가게 됩니다.

무당은 초란을 보고 '유명한 여자 관상가를 시켜 홍 판서에게 길동 때문에 가문이 화를 입게 될 것이라고 말하게 하면 홍 판서는 가문을 위해 어쩔 수 없이 길동을 없애 버릴 것'이라고 했습니다.

여자 관상가를 찾아간 초란은 무당의 말대로 자기의 계획을 얘기하고, 그 관상가는 홍 판서에게 초란이 시킨 대로 말을 합니다. 그러나 홍 판서는 길동을 죽이지 않죠. 마음이 급해진 초란은 홍 판서의 첫째 부인을 찾아가 길동 때문에 가문이 화를 입게 된다고 했으니 가문을 위해 길동을 죽이자고 부추깁니다. 그렇게 살해 음모를 허락받은 후 자객에게 길동을 죽이라고 시키죠.

길동이 숨어 있는 암자를 찾아간 자객은 이미 도술을 익힌 길동에게 온힘을 다해 대항해 보지만, 오히려 길동에게 잡혀 모든 사실을 털어놓은 채 죽고 맙니다.

길동은 자기를 죽이려는 초란에게 무척 화가 났지만, 아버지가 사랑하는 여인이라는 생각에 끓어오르는 분노를 억누르고 그 길로 아버지를 찾아가 작별 인사를 합니다.

"제가 일찍이 부모님께서 낳아 길러주신 은혜를 조금이라도 갚을까 하였더니, 집안에 의롭지 못한 사람이 있어 대감께 거짓말을 하고 소인을 죽이려 하였습니다. 겨우 목숨은 건졌으나 대감을 모실 길이 없으니 오늘 대감께 하직을 고합니다."

크게 놀란 홍 판서는 안타까운 마음에 길동에게 말합니다.

"나도 네가 품은 한을 짐작하니 오늘부터는 아버지를 아버지라 부르고 형을 형이라 부르는 것을 허락하겠다."

하지만 길동은 집을 떠납니다. 부모님의 말을 듣지 않고 자기 의지대로 행동하죠. 길동의 불만이 단순히 아버지를 아버지라 부르지 못하는 것이었다면 떠날 이유는 이미 없어졌다고 보아야 합니다. 그럼에도 그는 떠났습니다. 왜 그랬을까요?

백성들이 불합리한 차별을 당할 수밖에 없는 조선의 신분제 자체가 자기 개인만의 문제가 아님을 알았기 때문입니다. 호칭과 관련된 것은 하나의 상징적인 의사표현이었을 뿐, 사실은 당시의 신분제에 대한 문제를 지적했던 것이죠. 아버지에게 자신의 억울함을 이야기하고 꾸중 듣고 하는 과정에서 길동은 신분제라는 규칙이 얼마나 잘못되었는지를 깨달은 겁니다.

그렇다면 허균이 《홍길동전》에서 길동이 집을 떠나는 장면을 통해 말하려는 메시지는 무엇이었을까요? '조선의 신분제는 불평등하므로 이젠 지키지 말아야 한다.'는 것 아니었을까요? 자기가 옳다고 생각하는 대로 규칙을 고칠 수는 없지만, 잘못된 규칙을 지켜서는 안 된다는 신념을 실천한 장면이죠.

저항하면 안 될까?

'마하트마 간디'라는 이름을 들어본 적 있나요? 깡마른 체구에 안경 낀 인도 사람. 위인전에 종종 등장하는 인물입니다. 이름 앞에 붙는 '위대한 영혼'이라는 뜻의 단어 '마하트마'는 그의 훌륭한 업적을 대표하는 상징과도 같습니다.

우리나라에서는 영국의 식민통치에 비폭력으로

간디

저항한 간디라는 인물을 아주 좋아합니다. 1980~90년대 초반에는 위대한 인물 중 간디가 늘 다섯 손가락 안에 꼽혔습니다. 선생님들은 무력으로 자신의 조국인 인도를 통치한 영국에 무력이 아닌 비폭력으로 맞섰기 때문에 그가 위인의 반열에 올랐다면서, 남이 때린다고 자기도 때리면 때리는 사람과 똑같은 사람이 된다고 이야기했습니다.

물론 폭력은 나쁜 행위입니다. 어느 사회든 원칙적으로 폭력은 허용되지 않죠. 다만, 정의를 위한 폭력은 예외로 합니다. 경찰관이 범죄자를 잡기 위해 행사하는 무력이나 형법에 명시되어 있는 정당방위 등이 그렇습니다. 그 정도도 허용되지 않는다면 부당한 상황이나 무차별적인 폭력 앞에 놓여 있을 때에도 저항할 수 없게 되니까요.

하지만 제가 어렸을 때 배운 간디는 비폭력 저항운동을 넘어 평화주의자라고, 나아가 무저항주의자라고 배웠습니다. 이유는 1960~80년대 대한민국의 현대사와 관련이 있습니다.

당시는 대학생을 비롯해 군부독재정권에 저항하는 수많은 국민들이 거리에 나와 시위를 벌였습니다. 군부독재정권이라고 부르는 이유는 박정희·전두환·노태우 등 군인들이 쿠데타를 통해 정권을 잡았기 때문입니다. 시위 현장에서는 늘 크고 작은 폭력사태가 일어났는데, 국민들에게 부여된 집회 및 시위의 권리를 보장하지 않았던 정부는 머리가 아플 수밖에 없었습니다.

그런 상황에서 권력을 쥐고 있는 사람들에게 간디라는 인물은 국민들에게 보여줄 아주 좋은 본보기였습니다. 간디를 평화주의자로 만들고 나서 '비폭력'을 강조하다가 나중에는 '무저항주의자'로 바꿔치기한 것이죠.

사실 간디가 영국의 부당한 식민통치에 비폭력으로 맞섰던 것은 맞습니다. 하지만 비폭력이 곧 무저항은 아닙니다. 간디는 영국의 식민통치에, 폭력적이지 않은 방식으로, 누구보다도 강력하게 저항했습니다. 폭력으로 대응하지 않았다고 해서 무저항이라고 말하는 것은 잘못된 표현입니다.

폭력과 저항은 어떤 때는 같은 의미가 되지만 간디의 경우처럼 어떤 때는 다른 의미가 되기도 합니다. 그럼에도 당시 대한민국의 권력자들은 간디의 비폭력적인 저항을 무저항으로 포장해 폭력은 무조건 나쁜 것이라고 학생들에게 주입시킨 후, 저항이 곧 폭력이라고 말했습니다. 저항 자체를 무조건 잘못된 행동이라고 세뇌시킨 것이죠.

영국이라는 강력한 나라에 지배당하던 당시 인도로서는 적

어도 힘으로는 영국을 이길 수 없다는 사실만큼은 간디도 분명히 알고 있었습니다. 그렇다고 가만히 있을 수는 없었습니다. 우리나라가 일본에게 식민통치를 당했던 때처럼 영국의 식민통치도 분명 잘못된 것이었으니까요.

어떻게 해야 고칠 수 있을까?

앞에서도 말했듯 대부분의 사람들은 규칙이 생기면 누가 만들었든 간에 그것을 지키려는 성향을 보입니다. 당시 인도도 마찬가지였죠. 인도 사람들에게만 해당되는 부당한 규칙에도 저항하지 않았습니다. 그때 간디가 등장해 자신이 잘못되었다고 생각하는 규칙을 지키지 않기 시작합니다. 자꾸만 규칙을 어겼죠.

사람들은 처음엔 간디가 왜 그러는지 알지 못했습니다. 규칙을 어길 때마다 감옥에 가면서도 말입니다. 하지만 간디가 규칙을 어기자 그 규칙을 지키지 않는 사람들이 점점 더 늘어나자 마침내 사람들은 그 규칙이 잘못되었다는 사실을 깨닫게 됩니다. 간디의 행동으로 규칙의 타당성을 고민하게 된 것이죠.

이런 간디의 엄청난 저항운동을 다른 말로 '시민불복종 운동'

이라고 부릅니다. 잘못된 규칙에 저항하기 위해 일부러 규칙을 지키지 않는 것이죠.

《홍길동전》에서 길동은 신분제라는 규칙을 부당하다고 생각합니다. 그리고 집을 떠나는 행동으로 자신은 규칙을 지키지 않겠다는 의사를 표현하고, '활빈당'이라는 조직의 우두머리가 되어 부패한 관리들의 재산을 빼앗아 백성들에게 나누어줍니다. 나중에는 조선을 떠나 율도국의 왕이 되어 신분제도 없고 부패한 관리도 없는 이상적인 나라를 건설하죠.

이런 길동의 행위가 과연 올바른 저항법이었는지에 대해서는 생각해 볼 필요가 있습니다. 하지만 스스로 규칙을 어기면서 규칙이 잘못되었음을 지적하는 면에서 길동의 행동이 마하트마 간디의 시민불복종 운동과 닮아 있음도 우리는 알 수 있습니다.

규칙이란 국민 중 누구도 피해를 보지 않는 선에서 다수의 국민을 위해 존재해야 합니다. 그리고 잘못된 규칙에 대해서는 국민이 문제를 제기할 수 있어야 합니다. '내가 불이익을 당하고 말지.'라고 생각하고 참는 순간 잘못된 규칙은 더 큰 잘못을 저지르기 때문입니다. 문제를 문제라고 말하기 어려운 사회에서도 마찬가지죠.

조선시대를 배경으로 한 소설 속 주인공 길동이 지금 우리 앞에 나타난다면 어떤 말을 할까요? 우리는 아무리 잘못된 규칙이라도 이미 정해진 규칙이기 때문에 지켜야 하는 걸까요?

2장

《상록수》로 보는 자유와 평등

대학생들은
왜 농촌으로 갔을까?

침대에 엎드려 낄낄거리며 만화책을 보던 어느 날, 조용하던 방 안에 날카로운 목소리가 들려왔습니다.

"너, 책상이 이게 뭐야!"

'아차' 싶었지만 이미 책상은 난잡하게 어질러진 상태였습니다. 학교에서 돌아오자마자 책상 위에 가방이며 신발주머니를 휙 던져놓고는 쳐다보지도 않았으니까요. 머릿속에서는 벌써부터 변명 찾기에 한창이었습니다.

"금방 또 어지를 텐데 뭣 하러 치워. 나중에 한꺼번에 치우면 되지."

엄마가 가소롭다는 듯 콧방귀를 뀌면서 대답했죠.

"흥, 어차피 화장실 갈 거니까 밥 안 먹어도 되겠네!"

할 말이 없어진 저는 마지못해 책상 위를 대충 치우고는 서랍마저 정리하는 시늉을 했는데, 그 안쪽 깊숙한 곳에서 책 한권이 손에 잡혔습니다. 표지에 세 글자로 쓰여 있는 제목은 한문이라 제대로 읽을 수가 없더군요. 첫 글자가 '상(常)'이라는 것만 알 수 있을 뿐이었습니다.

책 제목도 몰랐는데 내용을 알 리는 만무했죠. 어렴풋이 오래 전 아버지한테서 선물로 건네받은 책임을 기억해냈을 뿐입니다. 제목이 《상록수》였던 그 책은 제 책상 서랍 구석에 오랫동안 처박혀 있다가 엄마의 등쌀에 어느 날 우연히 눈앞에 등장한 거였습니다.

저는 아주 가끔 심심할 때면 아버지가 서재라고 부르던 방에 들어가 책을 뒤적이곤 했습니다. 서재라곤 하지만, 드라마나 방송에 나오는 서재와는 많이 다른, 그냥 자그마한 방에 여기저기 책이 놓여 있는 정도였죠. 그곳에는 아버지가 이미 읽었거나 읽던 책들뿐만 아니라 제가 읽을 만한 책들도 좀 있었는데, 이 책 저 책을 뒤지면서 가끔 지루한 시간을 보내기에는 딱 좋은 놀이터이기도 했습니다.

만화책을 다 읽고 심심해진 저는 그날은 왠지 서재보다는 서랍 속에서 나온 《상록수》쪽으로 시선이 향했습니다. 한번 읽어보고 싶더군요. 서재 밖 책이라서 더 관심이 갔을까요? 특별한 이유 없이 책의 첫 장을 넘겼습니다.

그들은 왜 농촌부터 갔을까?

《상록수》라는 소설에 대해 들어보신 적이 있는지 모르겠으나 저는 중학교 국어시간에 배웠던 기억이 있습니다. 지금은 국어교과서의 종류가 여러 가지지만 당시에는 하나였습니다. 요즘 역사교과서 국정화가 많은 논란을 불러일으키고 있죠. 당시에는 국어교과서도 국정교과서 한 종뿐이었습니다. 덕분에 모든 학생들이 읽지는 않았지만 《상록수》라는 제목은 들어볼 수 있었죠.

《상록수》는 '박동혁'이라는 남자와 '채영신'이라는 여자의 사랑 이야기가 바탕입니다. 둘은 한 신문사의 다과회에서 처음 만나죠. 다과회라는 단어를 들어 본 적이 있나요? 요즘은 이런 말을 잘 안 쓰지만 제가 학생이던 시절에는 종종 사용했습니다. 다과회란 차와 과자 등을 먹으면서 이야기를 나누는 모임을 말하는데, 그 다과회는 2학기가 시작되면서 농촌계몽운동에 참가했던 대학생들을 위로하고자 한 신문사에서 마련한 자리였던 것이죠. 《상록수》의 두 주인공은 농촌계몽운동에 넘치는 열정을 갖고 있었거든요.

그럼 농촌계몽운동이란 말은 들어 본 적 있나요? 계몽운동이란 쉽게 말해 지식을 퍼뜨리는 활동을 뜻합니다. 《상록수》의 배경인 1930년대에는 한글을 읽지 못하는 사람들이 많았습니다. 농촌은 더욱 심했죠. 글을 모르는 농민들은 나랏일은 임금님이 알아서 다 잘할 거라 생각할 뿐이었습니다. 임금님은 이미 없어졌는데도 말입니다. 그런 농촌에 지식을 전파해서 나라를 발전시키려는 시도가 농촌계몽운동이었습니다. 한글을 가르치는 일이 그중 가장 기본이었죠.

당시의 농촌계몽운동은 신문사가 주축이었습니다. 소설 속 얘기가 아니라 현실에서 일어나고 있는 일이었죠.

《상록수》에는 신문사에서 주최한 다과회 중간에 농촌계몽운동을 한 학생들의 경험담을 듣는 순서가 나옵니다.

처음으로 이야기를 시작한 사람은 동혁이었습니다. 굵은 목소리와 우람한 체격으로 주목을 받았죠. 영신은 마지막 차례였는데, 당시 여성으로는 보기 드물게 당당했습니다.

사랑 이야기의 시작이 다 그렇듯 영신과 동혁도 그 자리에서 서로를 눈여겨보게 됩니다. 그리고 마침 돌아가는 길이 같았던 두 사람은 더 많은 이야기를 나누면서 관심 차원을 넘어 서로에게 좋은 감정을 갖게 됩니다. 같은 꿈을 꾸며 살아가는 사람들끼리는 자연스럽게 가까워지곤 하죠.

그들은 농촌에서 무얼 했을까?

"아직 안 자니?"

"금방 잘 거야!"

"그러다 내일 학교 늦는다. 빨리 자!"

엄마의 걱정에도 《상록수》의 첫 장을 펼친 이후 저는 책에서 잠시도 눈을 뗄 수가 없었습니다. 책장을 덮으면서 시계를 보니 새벽 세 시가 훌쩍 지나 있더군요. 하지만 정신은 되레 또렷해져만 갔습니다. 보통 밤 열두 시면 잠에 곯아떨어졌는데 그날만큼은 아니었습니다. '사랑이 뭐지?' 하는 의문이 머릿속에 자꾸 물음표를 그려내고 있었죠.

'첫인상'이 중요하다는 말을 들어봤나요? 어떤 사람을 처음

아!
여자란,
사랑이란
너무 어려워~

만났을 때 그에 대한 평가는 첫인상만으로 결정되기도 합니다. 일종의 편견이죠. 하지만 사람들은 자신이 갖고 있는 편견에서 쉽게 빠져나오지 못합니다. 때문에 이왕이면 좋은 편견을 갖게 하자는 의도에서 첫인상에 많은 신경을 씁니다. 《상록수》에 대한 저의 첫인상은 그때 결정되었습니다. 그리고 그때 받은 느낌으로 《상록수》라는 책의 가치를 평가해 왔죠.

저와 제 친구들은 사춘기 시절에 남자 중학교를 다녔기 때문인지 가장 큰 관심사는 당연히 '여자'였습니다. 특별히 여자친구를 사귀기 위해 노력하지는 않았지만, 여자친구가 있으면 어떤 기분일까 늘 궁금했죠. 《상록수》는 그런 저에게 '사랑'을 가르쳐주었다고나 할까요. 여주인공 영신의 당당한 모습에 그만 저는 반해 버렸습니다. 특히 자신의 일에 집중하면서 서로를 도와주는 남녀의 관계는 제 가치관이 되었습니다.

《상록수》에 대한 그런 첫인상은 오래도록 지속되었습니다. 그런데 연애소설이라 생각했던 책이 몇 년 후 역사를 배우면서부터 조금씩 다르게 다가오기 시작했습니다.

상록수의 큰 흐름은 사랑 이야기지만, 그 사랑은 1930년대를 배경으로 하고 있습니다. '1930년대'라고 하면 뭐가 떠오르나요? 그렇습니다. 우리나라가 일본의 식민지였던 시기입니다. 일제강점기였죠.

소설은 언제나 특정한 시대를 배경으로 합니다. 시대가 반영되지 않으면 소설에서 일어나는 갈등의 개연성이 떨어질 수밖에 없으니까요. 21세기에 1960년대에 굶주렸던 이야기로 소설의 갈등을 만들어내면 재미있을까요? 쉽지 않을 겁니다. 소설의 시대 배경은 이야기의 타당성을 만들어주고 독자의 공감을 이끌어내는 중요한 역할을 합니다. 간혹 작가는 시대 배경을 통해 자신의 메시지를 전달하기도 하죠. 따라서 소설의 가치를 평가하기 위해서는 소설의 배경에 관심을 가져야 합니다. 그래야만 주인공의 행동을 충분히 이해할 수 있으니까요.

《상록수》도 '사랑'이라는 단어 하나만으로 설명하기에는 잘 이해가 가지 않는 부분이 있습니다. 서로 사랑하면서도 농촌계몽운동 때문에 만나지 못하고 떨어져 지낸다는 건 요즘 사람들 생각으로는 쉽게 납득이 안 되는 일이죠.

《상록수》의 작가 심훈은 이 글을 쓰기 위해 실제로 농촌에서 살았습니다. 두 남녀 주인공도 실존 인물이 바탕입니다. '채영신'은 여성 농촌운동가 '최용신(1909~1935)' 선생, '박동혁'은 최용신 선생의 약혼자가 모델입니다. 지하철 4호선 상록수역에 가면 최용신 선생의 기념관이 있는데, 상록수라는 역 이름도 소설《상록수》에서 따온 것입니다.

심훈은 농촌계몽운동을 소재로 한 동아일보의 장편소설 현상응모에 당선되자 1935년 9월부터 1936년 2월까지《상록수》를 연재합니다.

1930년대 대한민국은 제국주의를 신봉하는 일본의 발아래 신음하고 있었습니다. 그즈음 그들은 중국 침략에 필요한 전쟁 물자 조달을 위해 한반도에 공장을 세우고 철도를 건설하기 시작했죠. 일본의 무력에 맥없이 점령당한 대한민국은 그렇게 자원과 인력 모두를 철저히 수탈당하면서 천천히 근대사회로 바뀌어 갔습니다.

이때의 대한민국은 큰 변화의 시기였습니다. 주권을 일본에 빼앗긴 채 신분제 사회가 사라져 가면서 민주주의 사회로 이동하던 때였죠. 경제적인 측면에서는 농업 중심의 폐쇄적 사회에서 자본주의를 도입하던 시기였습니다.

이런 변화 속에서《상록수》의 두 주인공은 농민들 스스로 경제적 기반을 다질

심훈

수 있도록 만드는 농촌계몽운동에 나선 것입니다. 그들은 왜 농촌계몽운동에 투신했을까요? 왜 하필 농촌부터 계몽하려고 했을까요?

평등한 사회가 가능할까?

다과회 맨 처음 발언자는 바로 '동혁'이었습니다. 허우대가 크고 튼튼한데다가 부리부리한 눈매의 소유자로 묘사되는 박동혁은 우렁찬 목소리로 청중을 압도했습니다. 뒤이어 서너 명의 발표가 있은 후 마지막 순서가 '영신'이었죠. 사회자가 이름을 부르고 청중들이 박수로 화답했음에도 쉽게 나서지 않던 가냘픈 여학생 영신은 연이은 사회자의 호명에 떠밀리듯 일어나 첫 마디를 뱉습니다.

"전 아무 말도 하기 싫습니다!"

영신의 또렷한 목소리에 사회자도 청중들도 모두 놀랍니다.

그리고 발언하기 싫은 이유가 뭔지 설명해 달라는 사회자의 말에 다시 대답하죠.

"첫째, 이런 자리에서 남자와 여자를 구별해야 하는지는 모르지만, 남이 다 말을 하고 난 맨 끄트머리에 언권(발표할 권리)을 주는 것이 몹시 불쾌합니다."

영신은 당당하게 남녀차별에 대해 이야기합니다.

차별은 왜 일어날까?

1992년에 방송된 〈아들과 딸〉이라는 드라마가 생각납니다. 제목 그대로 이란성 쌍둥이로 태어난 남매의 이야기입니다. 드라마가 시작할 시간이 다가오면 온 식구가 텔레비전 앞에 앉아 숨을 죽이며 기다렸습니다. 안 보는 사람이 거의 없을 정도였죠.

〈아들과 딸〉에서는 엄마와 딸 사이의 이야기가 가슴을 울립니다. 남아선호사상*이 확고한 엄마는 자기가 낳은 같은 자식

---

* 여자아이보다 남자아이를 더 귀하게 여기는 관념

임에도 아들만 귀하게 여길 뿐 아니라 대학을 가고 싶어 하는 딸에게 아들의 장래를 망친다며 진학을 반대합니다. 오로지 아들을 중심으로 살아가죠.

드라마를 보면서 저는 '세상에 정말 저런 엄마가 있을까?' 의문을 가졌습니다. 하지만 엄마 아빠는 연신 고개를 끄덕이시더군요. 주변에서 종종 볼 수 있는 일이었던 거죠.

〈아들과 딸〉은 1970년대가 배경입니다. 남녀는 평등하다고 외치던 대한민국이었지만 사람들의 생각은 달랐습니다. 과거부터 이어져 온 유교적 전통은 남녀의 차별을 당연하게 여겼으니까요. 지금은 부모님이 돌아가시면 아들, 딸 구별 없이 공평하게 재산을 나누도록 되어 있으나 불과 얼마 전까지만 해도 딸들에게는 재산을 주지 않던 시절도 있었죠.

신분제가 사라졌어도 평등한 사회가 곧이어 등장하지는 않았습니다. 여성의 권리는 신분제 사회에서는 물론, 신분제가 사라진 사회에서도 오랫동안 차별당하고 보장받지 못했죠.

남성에 비해 여성이 그나마 비교적 덜 차별받는 분위기로 변하기 시작한 것은 여성이 교육을 받으면서부터입니다. 과거 조선시대에는 남성만이 교육을 받았습니다. 그리고 그것이 당연하게 여겨졌죠. 하지만 일제강점기의 독립운동가, 종교단체, 서

양에서 온 선교사 등에 의해 학교가 세워지면서 여성에게도 교육을 받을 수 있는 기회가 늘어났습니다. 심지어 대학을 가고 유학도 다녀오는 등 상급학교로 진학하는 여성들도 생겨났죠.

사실 남녀차별은 여성보다 남성이 더 똑똑하다는 왜곡된 인식에 기반하고 있었습니다. 그런데 여성들이 교육을 받으면서 그런 남성 중심의 인식이 서서히 바뀌게 된 것이죠.

그러면 지금은 남녀평등이 이루어진 사회일까요? 겉으로 보기에는 그렇습니다. 법 중 가장 높은 위치에 있는 헌법에서 남녀의 차별을 금지하고 있으니까요. 하지만 법이 있는 것과 그 법을 지키는 것은 전혀 다른 문제이죠. 지각하지 말라는 규칙이 있지만 지각하는 학생들은 항상 있으니까요.

만약 남녀가 완전히 평등한 사회라면 남녀의 차별을 금지하는 법은 필요치 않을 것입니다. 차별이 있으니 차별하지 말라는 법을 만든 것이죠. 결국은 우리의 생각과 행동이 중요합니다. 법으로 금지할 필요가 없을 정도로 생각하고 행동한다면 그 법은 없어지겠죠. 하지만 사람들의 생각은 잘 변하지 않는 데다가 스스로 변하는 경우는 거의 없습니다.

사람들의 생각은 일반적으로 새로운 경험과 정보를 통해서 바뀝니다. 그리고 사람이 갖게 되는 경험과 정보는 시각이나 청각 같은 감각을 통해 뇌로 전달되죠. 결국 사람의 생각이 바뀌려면 새로운 정보가 뇌에 도달해야 하는데, 그 새로운 정보는 우리가 살고 있는 환경에 따라 달라지곤 합니다. 맹자의 어머니가 맹자를 위해 공동묘지 근처에서 살다가 시장 근처로, 다시 글방 근처로 세 번을 이사한 것도 비슷한 이유입니다. 주변 환경에서 감각을 통해 얻게 되는 경험과 정보가 다를 수밖에 없으니까요.

왜곡된 인식에서 출발한 남녀차별은 습관적으로 이루어지는 경우가 많습니다. 왜 어른들 중에는 가끔 남자가 할 일과 여자가 할 일을 구분하는 사람들이 있잖아요. 그들은 그걸 남녀차별이라고 생각지 않습니다. 그냥 과거부터 이어져 온 고정관념이 바탕이 된 것뿐이죠. 이런 무의식적 남녀차별을 사라지게 하려면 차별하는 행동이 잘못되었다는 사실을 말해 주어야 합니다. 새로운 정보를 이야기해 주고 경험하게 함으로써 조금씩 바뀌게 만들어야 한다는 뜻입니다.

1930년대는 여성에 대한 차별이 일상적으로 일어나던 시기였습니다. 차별받는 여성을 당연하게 생각했죠. 이런 생각을 변화시키려면 어떻게 해야 할까요? 문제를 지적해야 합니다.

그래야만 그것이 문제임을 깨닫습니다. 좋은 게 좋다고 참고만 있으면 대부분 변하지 않습니다. 영신처럼 문제를 지적하고 드러내야 한다는 말입니다.

지금 대한민국의 여성들이 누리는 남녀평등은 영신처럼 문제제기를 한 여성들이 있었기에 가능했습니다. 독일의 법학자 예링은 "보장된 권리 위에 잠자는 자의 권리는 보호하지 않는다."고 했습니다. 자신의 권리는 스스로 찾아야 한다는 말이죠. 굳이 남녀를 구분할 필요도 없습니다. 권리는 주장하는 만큼 보호받을 수 있기 때문입니다.

사회자에게 발언순서를 지적했던 영신은 자신이 말하기 싫은 두 번째 이유를 이야기합니다.

"둘째는 제 속에 있는 말씀을 솔직하게 쏟아놓고는 싶어두요, 사회하시는 분이 또 무어라고 제재를 하실 테니깐, 구차스레 그런 속박을 받아가면서까지 말을 할 필요가 없을 줄 압니다."

첫 순서였던 동혁의 발언 중에 사회자가 주의를 준 적이 있었습니다. 이를 보고 영신은 하고 싶은 말을 가로막는다고 판단한 것이죠. 하지만 이러한 항의에 당황하면서도 영신의 발언을 격려하는 사회자의 태도에 영신의 마음도 누그러지고, 주위 친구들 역시 영신에게 발언을 하라고 부추깁니다. 마침내 그녀는 자신이 준비한 발언을 시작하죠.

"여러분은 학교를 졸업하면 양복을 갈아붙이고 의자를 타고 앉아서 월급이나 타먹으려는 공상부터 깨뜨려야 합니다. 우리 남녀가 총동원을 해서 머리를 둥쳐매고 민중 속으로 뛰어들어 우리의 농촌, 어촌, 산촌을 붙들지 않으면, 그네들을 위해서 한 몸을 희생에 바치지 않으면, 우리 민족은 영원히 거듭나지 못합니다!"

단호한 영신의 목소리에 그곳에 모인 학생들은 모두 엄숙해졌습니다. 영신의 말이 사람들에게 적지 않은 감동을 전달했기 때문이죠. 영신 역시 감정이 북받치기는 마찬가지였습니다. 그 말을 하고는 쓰러지듯 자리에 앉았으니까요.

세상일에 꼭 관심을 가져야 할까?

혹시 '농활'이라는 말을 들어보셨나요? 저도 대학에 들어가기 전까지는 '농활'이 뭔지 몰랐습니다. '농활'은 바로 '농촌봉사활동'을 줄인 말입니다. 농촌에 가서 짧게는 2박3일, 길게는 일주일 정도 먹고 자면서 부족한 일손을 돕는 프로그램이죠. 보통 모내기철 또는 여름방학 시작과 함께 출발합니다.

제가 대학 다닐 때 농활을 떠났던 학생들은, 모두 다는 아니지만, 사실 농사일을 도우러 간다는 생각보다는 공기 좋은 곳에서 막걸리 한 사발 같이 마시기 위해 간다고 생각하는 친구들이 많았습니다. 그렇다고 정말로 일은 안 하고 놀기만 했다는 건 아닙니다. 생각이 그랬을 뿐이라는 말이죠.

지금이야 농활이 이렇듯 봉사활동처럼 변했지만 그 시작은 달랐습니다. 1930년대부터 비롯된 농활은 거창한 목표를 갖고 있었죠. 바로 《상록수》에 나오는 농촌계몽운동이 농활을 시작한 이유였던 겁니다.

농촌계몽운동의 처음 이름은 '브나로드 운동'입니다. 이름이 어렵죠? '브나로드'는 '민중 속으로'라는 러시아 말입니다. 도시의 지식인들이 농촌으로 들어가서 농민들에게 지식을 전한다는 의미가 담겨 있죠. 그러다 '브나로드'라는 말이 어려워 '농촌계몽운동'이라고 명칭을 바꿉니다. '계몽'이 '무언가를 일깨운다'는 뜻이니 러시아 말을 우리나라 말로 바꾼 것뿐이죠.

우리나라 농촌계몽운동은 이처럼 1930년대부터 시작되었습니다. 말했다시피 일제강점기였죠. 당시 대한민국은 어떻게 해야 일본에게서 독립할 수 있을지 고민하던 때였습니다. 그중에는 만주에 있는 독립군처럼 힘으로 독립을 쟁취하려는 쪽과 국민 전체를 일깨워서 독립을 이루려는 쪽이 있었습니다. 농촌계몽운동은 바로 국민을 일깨워서 독립을 이루자는 사람들이 생각해 낸 방법입니다.

그때는 대부분의 인구가 농촌에 살던 시절입니다. 많은 사람들이 농촌에만 있다 보니 세상 돌아가는 일에는 무관심했죠. 농촌 사람들이 세상에 무관심했다는 것은 대한민국 국민 대부분이 세상일에 무관심했다는 이야기와 같습니다. 그런 상태에서 대한민국의 독립은 도저히 이룰 수 없는 꿈이라 말할 수 있었죠.

그럼 농민들은 왜 세상일에 관심이 없었을까요? 가장 큰 이유는 농민들이 글자를 몰랐기 때문이었습니다. 대부분이 글을 못 읽었죠. 텔레비전이나 라디오가 없던 시절, 편지나 신문이

전부였던 시절에 글을 모른다는 사실은 세상일에 담을 쌓고 산 다는 말이나 마찬가지입니다. 나라에 중요한 일이 생겨도 모를 수밖에요.

이러한 상황을 바꾸기 위해 소위 지식인이라는 사람들이 농촌으로 내려갔습니다. 지식인이라고 표현했지만 당시에는 대학생들이 많았죠. 동혁과 영신처럼 말입니다. 그들은 농촌계몽운동을 하면서 아이들과 농민들에게 글을 가르칩니다. 제가 중학교 국어시간에 배운 《상록수》에도 바로 글을 가르치는 부분이 소개되어 있었습니다. 농촌계몽운동에서 가장 중요한 일이었죠.

그랬던 농촌계몽운동이 시대가 지나면서 농활로 바뀝니다. 해방 이후 국가가 교육을 담당하게 되면서 대부분의 아이들이 학교를 다니고, 좀 더 지나자 초등학교가 의무교육이 됩니다. 그 결과 농촌의 문맹률 역시 현저하게 떨어지죠. 문맹률이 떨어졌다는 뜻은 대학생들이 농촌에서 계몽운동을 해야 할 가장 핵심적인 이유가 사라졌음을 의미합니다. 농촌계몽운동이 농촌에 가서 일손을 돕는 농촌봉사활동으로 자연스럽게 바뀌게 된 것이죠.

그럼에도 1970~80년대에는 농촌의 일손을 거들면서 농민들에게 노동의 의미를 알리기 위해, 농촌의 실생활을 알기 위해 많은 대학생들이 농활을 떠났습니다. 지금도 대학생들이 농활을 가는지는 모르겠습니다. 그러기에는 대학생들이 너무나 여유가 없어 보이는 게 현실이니까요.

왜 감시가 필요할까?

당시 농촌계몽운동은 매우 중요했습니다. 다가올 민주주의 시대에 농민들을 참여시키기 위해 반드시 필요했죠.

민주주의는 참여 면에서 크게 직접민주주의와 간접민주주의로 나뉩니다. 직접민주주의는 주권자인 국민이 모든 의사결정을 직접 하죠. 이는 그리스의 고대 도시국가인 아테네에서 시작된 방식입니다. 하지만 인구가 늘고 사회가 복잡해지면서 의사결정이 필요할 때마다 모든 사람들이 모일 수가 없었습니다. 인터넷으로 인해 공간의 제약이 많이 사라진 요즘도 사람들 모두가 동일한 공간에서 토론하고 투표하기는 여전히 쉽지 않습니다. 민주주의 원칙에 가장 가까운 건 직접민주주의 방식이지만 이와 같은 현실적인 문제로 인해 시행에 어려운 점이 있는 것 또한 사실입니다. 어쩔 수 없이 간접민주주의를 채택하게

직접민주주의

간접민주주의

되죠.

간접민주주의는 국민들이 뽑은 대표가 국민을 대신해 주요 의사결정을 하는 방식입니다. 우리나라에서는 국민의 대표가 바로 '국회의원'이죠. 간접민주주의에서는 자신이 직접 의사결정에 참여하지 않기 때문인지 자신에게 권한이 없다고 생각하는 사람들이 종종 있습니다. 하지만 이는 잘못된 생각입니다. 자기를 대표하는 사람에게 권한을 위임한 것일 뿐 국가의 주인은 여전히 국민이며, 권한은 여전히 국민에게 있으니까요. 대표는 단순히 나의 의사를 대신할 뿐입니다.

그렇다면 사람들의 생각이 모두 같지 않고, 각각의 처한 상황이 다른데 어떻게 한 명의 대표가 일일이 뽑아 준 사람들의 의견을 다 고려할 수 있을까요? 사실 대표 한 사람이 자기를 대표로 뽑아 준 사람들 모두를 대변할 수는 없습니다. 다만, 자기를 뽑아 준 사람들 대다수의 의사를 비교적 정확히 파악한 후에 의사결정을 할 뿐이죠.

그러나 그 과정에서 국민의 의사가 정확히 전달되기도 하고 그렇지 않기도 합니다. 선거철에는 간이고 쓸개고 다 빼줄 듯 달려들어 뽑아 달라고 사정하다가도 뽑히고 나면 국민들이 위임한 권력을 자기의 사리사욕이나 자기가 속한 정당의 이익을 위해 휘두르면서 정작 뽑아 준 사람들은 모른 척하는 대표들도 있으니까요. 간접민주주의의 가장 큰 문제점이죠. 따라서 나를 대신할 대표를 뽑을 때는 내 의사를 정확히 전달할 수 있는 사람인지 아닌지를 신중히 검토하고 확인한 후 뽑아야 합니다.

민주주의는 이렇듯 직접적이든 간접적이든 국민 모두에게 의사결정 권한이 있습니다. 행정부가 국민의 의사와는 다르게 국가를 운영해서도 안 되지만, 그에 대한 감시의 권한도 국민이 갖고 있는 것이죠. "대한민국의 주권은 국민에게 있고, 모든 권력은 국민으로부터 나온다"고 되어 있는 헌법 제1조 2항이 이를 증명하고 있습니다. 다만, 시간이나 공간의 제약 같은 현실적인 부분 때문에 국회의원 같은 대표를 뽑을 뿐입니다. 그러므로 중요한 것은 국민입니다. 민주주의는 국민 전체의 의식 수준과 능력에 따라 미래가 좌우되는 시스템이니까요.

《상록수》의 농촌계몽운동은 역사적으로는 독립운동과 관련이 있습니다만, 사실은 해방 후에 도입될 민주주의를 대비하려 했다는 측면으로도 해석할 수 있습니다. 앞에서 이야기했듯 당시 대부분의 인구는 농촌에 살았고, 앞으로는 농민들이 국가의 주인이 될 거라고 생각했을 테니까요.

민주주의는 뛰어난 한 사람에 의해 이루어지지 않습니다. 평범한 다수의 힘으로 이루어지죠. 뛰어난 한 사람이 아닌 다수의 능력에 따라 그 나라 민주주의의 수준이 결정된다는 말입니다. 《상록수》에서 동혁과 영신은 그 사실을 알고 있었죠. 뛰어난 몇 사람이 아닌 다수의 사람들이 깨어 있어야만 민주주의를 쟁취할 수 있다는 사실을요.

1930년대에 시작된 농촌계몽운동은 그렇게 대한민국의 민주주의를 준비하고 있었습니다. 그리고 우리는 대학생들이 떠나는 '농활'에서 그 흔적을 발견할 수 있습니다.

정말 국민이
국가의 주인일까?

떨어져 있으면서 편지를 주고받던 동혁과 영신은 더욱 가까워졌습니다. 그러던 중 동혁이 있는 '한곡리'로 영신이 온다는 소식에 온 마을이 떠들썩해지죠. '남자와 여자는 일곱 살만 되어도 한 자리에 같이 두지 않는다.'는 '남녀칠세부동석(男女七歲不同席)'이 당연하던 때였습니다. 그런데 여학생이 먼 곳에서 남자를 보러 온다니 난리가 날 수밖에요.

우리나라는 1970년대 본격적인 경제성장 전까지는 항상 먹을 게 부족했습니다. 그러니 1930년대는 말해서 무엇하겠습니까. 그럼에도 한곡리 주민들은 영신을 극진히 대접합니다. 멀

리서 오기도 했거니와 마을의 리더 격으로 신뢰를 받고 있는 동혁의 아내가 될지도 모르기 때문이었죠.

도착 후 마을의 이곳저곳을 살펴보던 영신은, 어느 날 동혁이 마을 청년들과 논일을 하고 있을 때, 강기만이라는 사람을 보게 됩니다. '도사'라는 벼슬(관직)을 지냈다고 해서 '강 도사'라고 불리는 그 마을 지주의 둘째아들이었습니다. 아버지가 도사라는 벼슬을 한 것으로 보아 조선시대를 기준으로 치면 양반이었던 것이죠.

일본에서 유학을 하다가 신경쇠약에 걸려 고향으로 돌아와 몸조리를 하고 있던 기만에게는 마을 사람들을 대상으로 고리대금업을 하는 강기천이라는 형이 있었는데, 소문이 아주 나쁜 인물이었습니다. 게다가 기만은 청년들의 활동을 좋게 생각했지만, 형 기천은 청년들이 하는 농촌계몽운동을 탐탁치 않아 했죠. 마을 주민들과 청년들 역시 그런 강 도사네를 좋아하지 않았습니다.

멀리 있는 기만을 보고 영신이 누구냐고 묻자 동혁의 동생인 동화가 대답합니다.

"별 볼일 없는 친구예요."

생각지 못한 대답에 가만히 있는 영신에게 동혁의 친구인 건배가 '강 도사네 둘째 아들로, 형과 달리 마을 청년들에게 우호적인 인물'이라고 말합니다. 그러고는 그 집에 놀러가 술을 먹기만 하면 동화는 "요새 세상에 양반이 무슨 곤장을 맞을 양반이냐!"며 들이댄다고 덧붙이죠. 그때 영신이 다시 묻습니다.

"그런데 여긴 지금도 양반, 상놈이 있나요?"

왜 다수가 고통을 받을까?

여러분은 자신이 양반의 자손이라고 생각하나요? 정확히는 몰라도 대부분은 그러리라 믿을 겁니다. 사실 우리나라 사람들 모두가 비슷합니다. 조선시대에 태어났으면 양반이었을 것이라고 생각하죠.

저 역시도 그랬습니다. 고등학생 때 주민등록증을 발급받으려 하다 보니 본적*이 종로구 인의동으로 되어 있더군요. 서울 4대문 안에는 양반이 살았다는 이야기를 들은 적이 있어 나도 양반이었겠구나 싶었죠. 겉으로 표현은 안 했지만 속으로는 꽁

※ 호주제 폐지 전 호주의 호적이 등록되어 있는 장소를 말합니다. 성인이 되어 분가해서 호주가 되기 전에는 아버지나 할아버지 등 호주의 호적이 등록된 장소가 자기의 본적이 되었죠. 2005년에 호주제가 폐지된 후에는 본적의 개념이 없어졌습니다.

장히 뿌듯했습니다. 그러다 좀 더 깊이 역사를 배우면서부터는 양반이 아닐 확률이 더 높았겠다는 생각이 들었습니다.

조선시대 양반의 비율은 전체적으로 5%에서 10% 정도로, 아무리 많아도 100명 중 10명만이 양반이었고 나머지 90%는 중인, 평민, 천민이었던 거죠. 게다가 노비의 비율이 50% 정도였다고 하니 인구의 반 이상은 천민이었다고 보는 게 맞습니다. 대부분의 사람들은 양반은커녕 천민이었을 확률이 훨씬 높은 거죠.

그렇다면 이처럼 특권을 누리던 양반들이 사라지게 된 이유는 무엇일까요? 제가 십대였던 시절, 선생님은 조선후기 부패한 권력자들이 돈을 받고 벼슬을 주기 시작하면서 양반의 숫자가 늘어났다고 가르쳐주었습니다. 그 결과 신분제가 유지될 수 없었다는 것이었죠. 그 설명을 듣고 고개를 끄덕였습니다. 너도나도 양반이면 양반이 무슨 소용이 있을까 싶었으니까요. 하지만 지금 생각하면 선생님의 그 같은 설명은 반 정도만 맞는 이야기였습니다.

당시 전체 인구에서 소수에 불과했던 양반들은 땅과 노비들을 소유하고 있어 일을 하지 않고도 먹고살 수 있었죠. 양반이 해야 할 일이라고는 오직 과거급제뿐이었고요. 양반에게 과거

급제는 권력을 얻는 수단이자 더 많은 부를 축적하는 도구였습니다. 그리고 노비들은 그 몇 안 되는 양반들의 과거급제 공부를 위해 뼈가 빠지도록 일해야 했습니다. 소수를 위해 다수가 희생하는 구조였죠.

그런 사회에서 사람들은 항상 불만을 갖기 마련입니다. 똑같은 인간으로 태어났는데 누구는 평생 놀고먹고 누구는 평생 일만 해야 한다는 사실을 납득하기가 쉽지 않죠. 하지만 신분제의 굴레 속에 빠져 있던, 당시 핍박받던 사람들은 문제가 뭔지 몰랐습니다. 태어나면서부터 정해진 신분이니 평생 그렇게 사는 게 당연하다고 생각했던 것이죠. 다만, 배가 더 고프지 않으면 그걸로 만족할 뿐이었습니다.

그러다가 조선말기 돈으로 신분을 사는 사람들이 생기면서 양반의 숫자가 늘어납니다. 양반이 못 된 평민, 천민들은 더 심한 착취를 당할 수밖에 없는 구조로 변해간 거죠. 점점 더 불만이 쌓여갈 수밖에 없었고, 드디어는 신분제 자체가 잘못되었다는 생각을 하게 됩니다. 결국 1894년 동학농민운동이 일어나죠.

사회구조를 바꿀 수 있을까?

대한민국 임시정부 주석을 지낸 김구 선생도 청소년 시절 동학농민운동에 참여한 적이 있답니다. 누군가 당시 상황을 묻자, 김구 선생은, 평등한 사회가 온다는 이야기가 그렇게 좋았다고 하더군요. 일반 백성들이 평등한 사회를 얼마나 바랐는지를 알 수 있는 이야기입니다.

신분제 사회에서 국가를 운영하는 사람은 언제나 소수이기 마련입니다. 가장 높은 신분에 속한 사람들이 그 역할을 하죠. 조선시대에는 양반들이 국가를 운영했습니다.

혹시 "견제 받지 않는 모든 권력은 부패하기 마련이다."라는 말 들어봤나요? 권력자들이 감시당하지 않고 오랫동안 집단을 다스리면 점점 자신들의 이익만을 생각하게 되고, 이는 반드시 부정과 부패로 이어진다는 의미입니다. 다른 사람들이 피해를 보든 말든 신경 쓰지 않고 규칙이나 법도 자신들에게만 유리하게 만들죠.

사실 그 전까지 조선에서 일어난 민란은 단순한 혼란 수준이었습니다. 먹고살기 힘들어서 저항하는 정도였죠. 하지만 동학농민운동은 달랐습니다. 조선의 신분제 자체를 바꾸려고 했으니까요. 많은 농민들이 참여한 동학농민운동을 막기 위해 권력자들은 급기야 청나라에 파병을 요청합니다. 그러자 청군이 들어오는 걸 빌미 삼아 일본도 군대를 파견하죠.

마침내 일본군은 관군과 함께 우금치(지금의 충남 공주 우금티)에서 만여 명에 달하는 동학농민군들과 전투를 벌이는데, 이 전투에 참가했던 동학농민군 대부분이 죽거나 부상을 당합니다. 신식 무기와 강한 훈련으로 무장한 일본군에게 압도당하고 말죠.

조선의 농민들은 백성이라는 이름으로 임금을 섬겼습니다. 양반들의 땅에서 끊임없이 착취를 당했죠. 그런 백성들의 요구에 조선의 권력자인 양반들은 일본의 힘을 빌려 백성들을 죽입니다. 마치 다른 민족이었던 것처럼 말이죠. 그렇게 해서 동학농민운동은 막아냈지만 결과적으로는 일본에게 조선을 지배할 명분을 주었습니다.

이 같은 동학농민운동은 일본이 주도한 갑오개혁으로 이어집니다. 농민들의 요구가 출발점이었던 신분제가 일본에 의해 철폐되면서 그 의미는 퇴색되어 버리고 일본의 식민통치라는 결과를 낳습니다. 모두 조선의 지배계급인 양반들이 자초한 일이었습니다.

지금도 역사는 발전하고 있을까?

그렇다면 신분제가 사라진다는 것은 어떤 의미일까요?

앞에서도 나왔던 주권(主權)이란 말 아시죠. 주권은 국가를 운영할 수 있는 권리를 말합니다. 주권을 빼앗기는 것은 나라를 빼앗기는 것과 같죠. 나라를 빼앗기면 어떻게 될까요? 일제 강점기를 생각해 보면 쉽게 이해할 수 있습니다. 일본에게 주권을 빼앗긴 우리 국민들이 얼마나 처절한 삶을 살았는지는 배워서 잘 알 겁니다. 게다가 일본군 위안부 할머니들과 친일파 문제는 해방 70년이 지난 지금까지도 해결이 안 되었을 뿐만 아니라 우리 사회 안에서 갈등을 불러일으키고 있죠. 주권을 지키는 일은 그만큼 중요합니다.

신분제 사회에서 주권은 누가 갖고 있을까요? 당연히 소수 기득권층, 가장 높은 신분의 사람들만이 주권을 갖겠죠. 주권이 없는 다수의 낮은 신분의 사람들은 그들의 결정을 무조건 따를 수밖에 없습니다. 바로 조선시대가 그랬습니다. 양반만이 주권을 가졌던 이 시대에는 국가의 일에 대한 모든 결정을 양반만이 했습니다. 일반 백성들은 주권자인 양반의 결정을 군소리 없이 따라야 했죠.

그러한 역할을 했던 신분제가 사라졌다는 말은 주권이 모든 국민에게 공평하게 나누어졌다는 의미입니다. 일제강점기에서 벗어나기만 하면 우리나라 국민 모두에게로 주권이 돌아오게 될 상황이었던 것이죠.

하지만 농촌은 도시보다 변화에 둔감합니다. 여전히 폐쇄적인 공간이니까요. 농촌에 살던 양반들은 노비들을 머슴으로 만들고, 그들을 착취하면서 양반 행세를 하는 경우가 많았습니다. 생활은 그대로인데 신분이 같아졌다고 해서 곧바로 동등하게 받아들이기는 쉽지 않았을 겁니다. 권력 그 자체인 신분에 대한 그리움도 있었을 테고요. 《상록수》에 나오는 기만의 형 고리대금업자 기천 역시 그런 양반 중 한 명이었습니다.

영신의 질문 "그런데 여긴 지금도 양반 상놈이 있나요?"는 그런 농촌 사회에 대한 반박입니다. 특히 《상록수》에서 보여주는 이 장면은 대한민국이 해방 후 맞이할 민주주의의 전제조건인 평등을 이야기합니다. 여전히 자신들만 주권을 갖겠다고 우기는 사람들이 있다는 사실에 영신이 질문으로 반박하고 나선 거죠.

민주주의는 모두가 평등해야 합니다. 모두가 평등하다는 말은 모두에게 주권이 있다는, 곧 국민 모두가 나라의 주인이라는 뜻이죠. 조선시대처럼 소수가 지배하는 사회와는 기본원리부터 다릅니다.

인류의 역사는 더 많은 사람들에게 자유가 부여되는 방식으로 점점 발전해 왔습니다. 프랑스 혁명, 영국 시민혁명, 미국의 노예해방 등이 그랬죠. 이처럼 많은 이들에게 자유가 부여되면 소수의 사람들이 국가의 정책을 결정하고 법을 만들던 시대에서 누구나 국가의 정책을 결정하고 법을 만들 수 있는 자격을 갖는 시대로 나아갑니다. 즉, 평범한 시민이 국가의 주인이 된다는 것이죠. 이를 '국민주권주의'라고 하는데, 국민에게 국가의 주인이 될 권리가 있다는 뜻입니다.

"그런데 여긴 지금도 양반 상놈이 있나요?"라는 영신의 질문은 이처럼 모두가 평등한 사회, 곧 다가올 국민주권주의 시대를 의미하고 있습니다.

나는 돈에서 자유로울 수 있을까?

동혁은 하늘이 무너지는 것 같았습니다. 동생 동화가 전해주는 소식을 믿을 수가 없었죠. 영신의 병간호를 위해 잠시 마을을 떠나 있었다고는 하지만 일이 이렇게까지 벌어질 줄은 상상도 못했습니다.

술에 취한 동화가 머뭇거리면서 입을 열어 한 말에 의하면, 강 도사네 첫째 아들 '기천'이 동혁의 친한 친구 건배를 꼬드기기 시작했답니다. 장에 데리고 가서 몇 차례 술을 사주었고, 술을 얻어먹은 건배는 어느 날 마을회관에서 이런 소리를 했다고 합니다.

"암만해도 우리 회원 열두 사람만으론 너무 적은데, 회관도 이렇게 새로 짓고 했으니 회원들을 더 모집하세. 그 김에 회를 대표하는 회장도 한 사람 유력자로 내야 관청 같은 데 신용을 얻기가 좋지 않겠나? 그러니 내 의견에 찬성하는 사람이면 손을 들어봐!"

건배가 말한 유력자는 물론 기천이었습니다. 기천은 동혁이 주도하는 마을개량운동과 농우회관 짓는 일을 못마땅하게 여기고 방해하면서 동혁을 곤란하게 했던 사람입니다. 동혁은 예전에 기천이 자신에게 회관을 파는 게 어떠냐며 넌지시 물었던 사실을 기억했습니다. 당시 동혁은 단번에 거절했지만 호락호락 물러나지 않았던 것이죠.

기천은 회관을 살 수 없다면 농우회의 회장이 되겠다는 야심을 품었습니다. 그리고 동혁이 없는 사이에 기천을 농우회 회원으로 가입시키자는 뜻이 담긴 건배의 말에 회원 열두 명 중 여섯이 손을 들어 찬성을 표함으로써 마침내 기천의 농우회 가입을 승인했던 것입니다.

농우회에는 '회원 중 반 이상의 추천이 있으면 입회를 할 수 있다.'는 규칙이 있었습니다. 여섯 명이 손을 들었으니 건배만 찬성하면 기천의 가입이 가능했고, 그가 가입하면 농우회의 회장이 되는 것은 시간문제였습니다.

여섯 명이나 손을 들었다는 이야기에 동혁은 동생을 다그칩니다.

"건배는 도대체 어느 편이야?"

"물어볼 게 뭐 있어? 강기천이를 입회시키는 데 찬성이지."

동혁은 할 말이 없었습니다. 특히 건배의 배신이 더욱 가슴 아팠죠. 기천이야 전에도 자신에게 그런 낌새를 보였지만, 믿었던 건배의 배신은 상상조차 하기 싫은 일이었습니다.

가난한 사람은 왜 계속 가난할까?

사실 동혁은 건배가 배신한 이유도, 다른 회원들이 기천의 농우회 가입을 찬성할 수밖에 없었던 이유도 알고 있었습니다. 그들은 모두 기천에게 빚을 지거나 그의 땅을 빌려 농사를 짓고 있어 막을 수가 없었던 거죠. 건배 역시 아내와 자식이 있음에도 마땅한 돈벌이가 없는 상태였고, 그런 사정을 알고 있는 기천이 군청에 자리를 알아봐 준다며 매수했던 것입니다.

동혁의 친구인 건배와 마을청년들은 높은 이자를 지급해야 함에도 기천에게 돈을 빌려 썼습니다. 그들은 왜 기천에게 돈을 빌렸을까요?

지금과 마찬가지로 1930년대에도 대부분의 사람들에게는 땅이 없었습니다. 땅은 기천 같은 양반들이 대부분 소유하고 있었으니까요. 농촌에서 먹고살려면 농사를 지어야 했고, 농사를 지으려면 어쩔 수 없이 땅을 빌려야 했죠. 또 쌀이나 벼를 수확하기 전까지 먹고살기 위한 돈도 빌려야 했습니다.

땅 주인들은 이런 상황을 이용해 농민들에게 높은 이자를 받기로 하고 땅과 돈을 빌려줍니다. 그리고 농민들은 추수를 해서 땅을 빌린 몫(소작료)과 빌린 돈을 갚죠. 하지만 그러고 나면 다음 수확 전까지 또 먹고살 돈이 없어 다시 빌려야 했습니다. 열심히 농사를 지어 수확해 팔아도 빌린 돈을 다 갚지 못했으니까요.

힘도 돈도 없는 농민들은 이런 현실을 그저 받아들일 수밖에 없었습니다. 돈을 한 번 빌려 쓰고 나면 갈수록 빚이 늘어나 더욱 가난해지기 일쑤였습니다.

1930년대만 해도 농사는 두레나 품앗이에 의해 이루어지는 협동작업이었습니다. 사람들 사이에는 '정(情)'이 기본이었죠. 하지만 돈은 정을 모릅니다. 오직 숫자로만 세상을 이해할 뿐이죠. 돈을 빌릴 때는 정 때문에 빌려주는 듯하지만 받을 때는

인정사정없어집니다. 게다가 매달 이자를 제대로 못 갚으니 이자에 이자가 붙어 빚은 점점 그 덩치를 불립니다. 꼬박 1년 고생해야 작물을 수확할 수 있는 농사로 눈덩이처럼 불어난 빚을 갚기는 불가능했습니다.

정말 사람이 돈보다 먼저인 세상일까?

기천과 마을청년들이 동혁을 배신한 이유는 간단합니다. 돈 때문이죠. 동혁과의 의리만 가지고는 빚이 주는 공포를 막아낼 수가 없었습니다. 그때도 이미 물질만능주의의 시대였습니다.

교과서 속에서는 '물질만능주의'를 "경제적, 물질적 가치를 중시하여 인간이 가져야 할 본연의 가치를 상실하고, 인간을 경시하는 풍조를 일컫는다."고 정의하고 있습니다. 여기서 물질은 돈을 의미합니다. 돈이 있어야 물질을 구할 수 있으니까요. 그러다 보니 먹고살기 위해서는 누구나 돈이 꼭 필요하다고 생각합니다. 결국 돈이 인간을 살아 갈 수 있게 해준다고 믿게 되죠.

사실 산업의 기반이 농업이었던 조선시대에는 자신의 물건이 아무리 남아돌아도 시장에 내다 팔 수가 없었습니다. 장사를 하려면 국가의 허락을 받아야 했죠. 때문에 사람들은 대부분 서로에게 필요한 것들을 바꾸거나 나누면서 자급자족으로 필요한 것을 해결했습니다. 웬만한 건 직접 만들어서 사용했죠. 이때만 해도 돈보다는 사람이 중요했습니다. 농업이 중시되는 사회에서 사람은 농사짓는 데 가장 핵심적인 요소였으니까요.

하지만 일본이 식민통치를 하면서 한반도 이곳저곳에는 전쟁을 준비하기 위한 공장들이 세워졌습니다. 공장이 돌아가는 데 꼭 필요한 것은 무엇일까요? 공장에서 일할 노동자입니다. 자연스럽게 농촌 인구가 공장이 있는 도시로 이동하기 시작하죠. 그리고 이때부터는 더 많은 돈을 벌기 위해 일하기 시작합니다. 돈을 위해서라면 뭐든지 하는 시대, 사람보다 돈이 중요한 세상, 사람이 돈의 노예가 되기 시작한 것입니다.

돈이 신분을 결정할까?

마을청년들은 기천을 회원으로 가입시킨 후 회장으로 선출합니다. 분명 신분제가 없어지면서 모두에게 평등한 세상이 올 것 같았지만 돈에 의해 다시 신분이 나뉘는 행태가 나타납니다. 국가에서 정한 신분은 없어졌지만 돈이라는 보이지 않는 신분이 그 자리를 차지해 버린 것이죠.

돈에 의한 신분제는 법적인 신분제보다 훨씬 무섭습니다. 법적인 신분제는 스스로 선택할 수가 없죠. 하지만 돈에 의한 신분제는 스스로의 선택이라는 그럴 듯한 형식을 취합니다. 누구나 노력하면 부자가 될 수 있다면서 가난한 이유를 노력이 부족하거나 부자만큼 열심히 일하지 않기 때문이라며 개인의 잘못으로 돌리죠.

여러분은 어떤가요? 마찬가지로 개인의 노력이 부족해 가난하다고 생각하시나요? 물론, 그런 사람들도 없지는 않겠죠. 하지만 《상록수》에 나오는 마을청년들은 아침 일찍 일어나서 체조하고 일을 합니다. 그에 반해 기천은 빈둥빈둥 놀기만 하죠. 최소한 《상록수》에서만큼은 마을청년들의 가난을 개인의 게으름 때문이라고 말하기는 어려워 보입니다.

또 민주주의가 돈에 의해 위협받기도 합니다. 1930년대는 조선시대의 신분제가 공식적으로 없어진 때입니다. 겉으로는 모두가 평등했죠. 《상록수》에서도 기천이 민주적 절차인 다수결의 원칙에 따라 농우회에 가입하죠. 비록 돈으로 회원을 매

재는 놀면서도
잘사는데
나는 왜 허리가
휘도록 일해도
가난할까?

수했지만요.

1930년대 사람들은 돈의 무서움과 소중함을 동시에 알아가는 반면 자유와 평등, 인권, 주권 등이 보장되는 민주주의에 대해서는 잘 몰랐습니다. 동학농민운동에 의해 신분제는 사라졌지만 국가의 주인이 국민이어야 한다고까지는 생각하지 않았던 거죠.

민주주의라는 제도는 개인의 주체성과 평등이 전제되어야 합니다. 하지만 돈에 의해 등장한 새로운 신분은 사람들의 주체성을 흔들어놓고 불평등을 창조합니다. 눈앞의 이익을 위해 양심을 버리라고 강요하죠. 하는 짓이 돈과 꼭 같습니다. 여러분은 이런 돈에서 자유로울 수 있을까요?

동혁은 기천이 농우회 회원들을 매수해 농촌진흥회관으로 바꿔버린 것에 반발해 농우회관에 불을 지른 동생 대신 누명을 쓰고 감옥에 갔다가 풀려나 가족을 돌보고 마을을 정비합니다. 그러던 중 멀리 떨어져 있던, 사랑하는 영신이 병의 재발과 과로 등으로 인해 죽었다는 소식을 듣게 되죠. 그럼에도 장례를 마친 동혁은 영신의 유언대로 다시 한 번 농촌계몽운동에 헌신하리라 굳게 마음을 다지며 한곡리로 돌아갑니다.

3장

《동물농장》으로 보는
독재

독재는
먼 나라 이야기일까?

친한 친구 둘이 서로 싸웠습니다. 둘 중 누가 더 잘못했는지 판단해야 한다면 쉽게 결정을 내릴 수 있을까요? 바꾸어서 이번에는 친한 친구와 싫어하는 친구가 싸웠다고 해보죠. 그 둘의 다툼 역시 누가 더 잘못했는지를 판단해야 하는 상황입니다. 어떤가요? 앞의 싸움보다 판단하기 쉬운가요?

이 질문은 여러분이 정말로 중립적 위치에서 판단할 수 있는지를 묻고 있습니다. 만약 두 가지 상황에서 판단의 어려움이 다르게 느껴진다면 여러분은 중립적이지 않을 확률이 높습니다. 당연합니다. "팔은 안으로 굽는다."는 속담처럼 친한 친구에게 감정적으로 기우는 것은 자연스러운 현상입니다.

연예인에게 왜 중립을 지키라고 할까?

그럼 혹시 사회 문제나 정치에 관해서 이야기하는 연예인을 보면 어떤 생각이 드나요? 연예인이 사회의 문제에 관해 이야기하는 것을 극도로 싫어하는 사람들이 있습니다. 유명 연예인일수록 대중에게 큰 영향력을 끼치기 때문에 중립을 지켜야 한다는 것이죠.

연예인은 정말 정부가 하는 일에 대해 아무 말도 하지 말아야 할까요? 중립을 지키라는 말은 아무 말도 하지 말라는 것과 같으니까요. 저는 그러면 안 된다고 생각합니다. 유명 연예인일수록 신중하게 행동해야 하는 것은 맞지만, 연예인이기 이전에 국민의 한 사람입니다. 개인이 자기가 사는 나라의 정부가 하는 어떤 일에 대해 자기의 생각을 말하는 행위 자체를 금지하는 것은 민주주의 사회에서는 있을 수 없는 일입니다.

민주주의 사회라면 누구나 자신의 의견을 말할 수 있어야 하고 말해야 합니다. 그것이 꼭 중립적일 필요도 없습니다. 또 완전한 중립적 의견이라는 것은 불가능하기도 합니다. 의견은 항상 자신의 생각을 전제로 하고, 그 생각은 한 개인의 가치관에서 시작되기 때문이죠. 그런 점에서 만약 자신의 의견이 중립적이라고 생각한다면 적당히 중간을 선택한 건 아닌지 고민해 보아야 합니다.

사람들이 사회 문제 또는 정치에 대해 관심을 갖지 말라거나 중립적인 의견을 강요하는 데에는 과거 독재정권의 정책과 깊은 관련이 있습니다. 앞에서도 이야기했지만 독재정권은 항상 국민들이 정치에 관심을 갖지 못하도록 했거든요. 그 결과 많은 사람들이 정치와 관련된 이야기를 혐오하고, 정치에 관심을 갖지 않는 게 좋다고 생각하게 된 거죠.

민주주의와 사회주의는 진짜 반대일까??

'조지 오웰(George Orwell, 1903~1950)'은 자신의 정치적 입장을 명확히 한 작가로 유명합니다. 그는 자신의 에세이인 《나는 왜 쓰는가》에서 작가가 글을 쓰는 이유 중 하나를 정치적 목적 때문이라고 밝혔습니다. 인간은 사회를 이루고 살게 되면서부터 정치적일 수밖에 없기 때문이라는 것이죠. 특히 그는 독재정치를 사회의 '적'으로 규정합니다. 사람들의 자유와 권리를 빼앗는 게 독재니까요.

그가 독재를 사회의 적으로 규정했듯 그의 작품들 역시 전반적으로 독재에 대한 경각심을 불러일으킵니다. 대부분의 작품에서 작가의 의도가 명확히 드러나죠. 그중 조지 오웰을 가장 유명하게 만든 작품은 《동물농장》입니다. 동물이 주인공인 소설이라 웃음이 절로 나오지만 그 내용은 많은 의미를 갖고 있습니다.

《동물 농장》에 대해 말하려면 먼저 마르크스에 대해 이야기해야 합니다. 혹시 마르크스라는 이름을 들어보았나요? 마르크스(Karl Marx, 1818~1883)는 독일계 유태인으로서 철학, 역사, 경제학 등에 큰 획을 그은 인물입니다. 그가 말년에 쓴 책 《자본론》은 지금도 수많은 사람들에게 읽히고 있죠.

마르크스라는 인물 앞에는 항상 붙는 수식어가 하나 있는데, 바로 '혁명가'입니다. 그가 쓴 《자본론》역시 유럽에서 혁명의 불씨를 살리는 역할을 했지만 자신이 살아 있는 동안에는 혁명의 성공을 보지 못했습니다. 그

조지 오웰

가 죽고 난 후에야 러시아와 중국 등에서 마르크스의 영향으로 사회주의 혁명이 일어나죠.

사회주의자라니 뭔가 섬뜩하지 않나요? 우리는 종종 사회주의를 민주주의와 반대되는 개념으로 오해하기도 합니다. 하지만 민주주의는 개인을 중시하는 자유민주주의와 평등을 중시하는 사회민주주의를 모두 포함하는 말입니다. 북한의 공식명칭(조선민주주의 인민공화국)에 '민주주의'란 단어가 들어가는 이유도 겉으로는 평등을 강조하기 때문입니다.

《동물농장》에서는 농장이 독재로 얼룩지는 상황을 잘 보여줍니다. 그런 과정을 통해 똑똑한 소수에게 모든 것을 믿고 맡기는 게 얼마나 위험한 일인지 고발하고 있는 이 책은 1946년에 출판되었습니다. 무척이나 오래 된 책이죠.

앞에서도 얘기했듯 책은 대체로 그 당시의 시대상황을 반영합니다. 그러다 보니 대부분의 책은 시대가 변하면서 가치가 떨어지기 마련입니다. 21세기인 현재는 이 책이 나온 1946년과는 많이 달라진 것 또한 맞습니다. 사실 그 무엇도 시간을 이기기는 쉽지 않으니까요.

하지만 지금의 세계를 한번 둘러보면 우리는 《동물농장》의

가치를 알 수 있습니다. 북한은 여전히 독재정치를 하고 있고, 아프리카나 중동지역에도 독재는 살아 있습니다. 우리나라 역시 독재를 경험했죠.

그런 면에서 약 70년 전에 세상에 나왔지만 이 책의 가치는 여전합니다. 사람이 사는 곳이라면 국가든 학교든 동아리든 언제든지 소수에 의한 독재를 경험하게 될 수도 있으니까요. 또 여전히 독재의 위험성을 간과한 채 과거 독재시대를 아름답게 기억하고 있는 사람들도 있으니까요.

비판정신은
왜 필요할까?

동물농장에 살던 지혜로운 돼지 메이저가 늙어 숨을 거두고 맙니다. 동물들에게 더 이상 인간으로부터 착취당하지 말고 자유로워지자고 강력히 연설한 메이저였지만 하늘의 부름을 막을 수는 없었죠. 동물들의 단결과 인간에 대한 투쟁을 외친 후 사흘 만에 그는 하늘나라로 떠납니다.

메이저의 연설 후 머리깨나 쓴다는 동물들은 새로운 생각을 갖게 되었습니다. 농장의 주인인 인간을 몰아내고 동물들이 모두 함께 자유롭고 평등하게 사는 농장을 만드는 게 자신들의 의무임을 깨달은 것이죠. 그리고 그런 일은 동물들 중 가장 똑똑하다고 인정받는 돼지들의 몫이었습니다.

왜 새로움을 추구해야 할까?

돼지들 중에도 젊은 수퇘지인 스노볼과 나폴레옹이 가장 돋보였습니다. 몸집이 큰 나폴레옹은 다소 사나운 표정에 말솜씨는 안 좋았지만 매사에 자기 뜻을 관철하려는 뚝심이 있었습니다. 반면, 나폴레옹에 비해 훨씬 쾌활한 스노볼은 말솜씨가 좋았고 재주도 더 뛰어난 편이었으나 나폴레옹만큼 심지가 깊지는 않았죠. 나머지 돼지 중에는 통통하고 몸집이 작은 스퀼러가 눈에 띄었는데, 말솜씨가 현란해 남을 설득하는 능력이 뛰어났습니다.

이 세 마리 돼지들은 메이저의 가르침을 사상으로 발전시킨 후 '동물주의'라고 이름 붙이고 다른 동물들에게 전파하기 시작했습니다. 그럼에도 처음 얼마간 어떤 동물들은 농장의 주인인 존즈 씨를 '주인님'이라 부르면서 충성 의무를 이야기하기도 했고, 존즈 씨가 자기들을 먹여 살린다면서 그가 없으면 굶어죽게 될 거라는 말을 하기도 했습니다. 그중에서도 제일 멍청한 말은 흰 암말 몰리가 스노볼에게 던진 질문 "혁명 이후에도 설

탕이 있을까요?"였습니다.

몰리의 질문에 스노볼은 "아뇨."라고 단호히 대답한 후 말합니다.

"이 농장에선 설탕을 만들 방법이 없소. 게다가 당신한테 설탕이 꼭 필요한 것도 아니잖소? 귀리와 건초는 원하는 만큼 먹을 수 있게 될 것이오."

그러자 몰리가 다시 묻습니다.
"그때에도 내가 갈기에 댕기를 매고 다닐 수 있을까요?"
스노볼은 답답해하면서 대답하죠.

"친구, 당신이 그토록 애지중지하는 그 댕기는 바로 노예의 표시오. 댕기보다 자유가 더 값지다는 걸 모른단 말이오?"

동물들은 자유를 찾기 위해 혁명을 꿈꿉니다. 혁명이 뭔지 아시나요? 혁명은 기존의 잘못된 질서를 무너뜨리고 새로운 질서를 만드는 일입니다. 그 과정에서 기존의 잘못된 질서를 지키려는 사람과 새로운 질서를 만들려는 사람 사이에 필연적으로 다툼이 일어날 수밖에 없는데, 대부분의 다툼은 폭력으로 발전합니다.

이 같은 혁명이 일어나려면 먼저 기존 질서가 무엇이 문제인지를 인식해야 합니다. 하지만 문제점 인식만으로는 당장 혁명을 일으킬 수가 없죠. 기존 질서가 있던 자리를 더 나은 질서로 채우지 못하면 사람들은 기존의 질서를 지키려는 쪽을 선택하기 때문입니다. 즉, 혁명이 일어나려면 최소한 사람들이 기존 질서의 문제점을 간파하는 것과 함께 새로운 질서에 대한 희망을 가져야 한다는 말입니다.

《동물농장》에서는 기존 질서의 문제점과 새로운 질서에 대한 희망을 '메이저'라는 돼지가 불어넣습니다. 하지만 메이저는 연설을 하고 사흘 만에 세상을 떠납니다. 혁명 후 새로운 질서를 만드는 것은 다른 돼지들의 몫이 된 것이죠.

스노볼, 나폴레옹 그리고 스퀄러는 기존 질서의 문제점을 동물들에게 알리고 새로운 세상을 만들기 위해 노력합니다. 혁명은 몇몇의 힘만으로는 불가능하기 때문이죠. 하지만 쉽지 않습니다. 그들 중에는 머리가 좋아 금방 알아듣는 동물들이 있는 반면, 전혀 이해하지 못하는 동물들도 있기 때문입니다.

내 삶은 나만의 책임일까?

사회가 변화하기까지는 이처럼 어렵습니다. 농장의 주인인 존즈 씨를 주인님이라 칭하면서 충성 의무를 논하거나, 존즈 씨가 동물들을 먹여 살린다는 말들은 모두 기존 질서를 정당화시킵니다. 모든 동물들은 각자가 스스로 자신의 삶을 결정할 자유가 있는데, 인간에게 지배를 받다 보니 그만 노예가 되고 만 것이죠.

이런 노예근성은 농장 안에 갇힌 동물들에게만 해당될까요? 아닙니다. 이는 우리의 문제이기도 합니다. 기존 사회 질서에 대해 스스로 생각하지 않고 남의 생각을 무조건 받아들이기만 한다면, 주인인 존즈 씨가 자신들이 열심히 일해 생산한 결과물을 다 가져가는데도 조금의 먹을 것을 주었다고 충성심을 발휘하려 하는 농장 안 동물들과 똑같을 뿐입니다. 심지어 자신이 착취당하고 있어도 이상하다는 생각을 못합니다. 비판정신을 잃어버렸으니까요.

그중 "혁명 이후에도 설탕이 있을까요?"라는 흰 암말 몰리의 질문은 우리 스스로를 돌아보게 합니다. 그에게 중요한 것은 그 혁명이 자기가 좋아하는 설탕을 계속 먹을 수 있게 해주

느냐는 것뿐이었으니까요.

물론, 이런 몰리의 생각이 비난받을 이유는 없습니다. 사실 사회의 모든 변화는 구성원들의 이익과 합치되어야 하니까요. 만약 누군가가 추구하는 변화가 자신의 이익과 합치되지 않는다면 그는 변화를 반대할 수 있습니다.

그러나 사회의 변화를 이야기하는데 몰리처럼 자기의 이익만 중요시하는 것 역시 바람직한 모습은 아닙니다. 개인의 이익은 사회 속에서만 실현될 수 있기 때문입니다. 사회야 어떻게 되든 자기의 이익만 추구하겠다는 사람은 그 사회 구성원으로서의 자격이 없는 것이죠. 이런 이들은 비판받아 마땅합니다. 사회 혹은 국가라는 큰 공동체 안에 살면서 의무의 이행은 싫고 권리만 누리겠다는 속셈이니까요.

또 사람들은 대부분의 문제를 자기의 책임으로 돌리려는 경향이 있습니다. 자신의 실패를 무조건 자기 책임으로만 돌리죠. 명문학교에 입학하지 못한 것도, 100명 중 1명만 들어갈 수 있는 대기업에 취직하지 못한 것도 모두 '자신'이라는 개인의 책임이라고 생각합니다. 물론, 개인에게 책임이 없다는 말은 아닙니다. 경쟁사회에서 발생하는 실패에 대한 책임은 개인이 지는 게 맞습니다.

하지만 이런 관점은 그렇게 만든 사회의 구조적인 면으로 인해 일어난 문제의 책임 역시 개인에게 돌리게 되는 심각한 문제를 발생시킬 수가 있습니다. 어차피 내가 못해서 힘들어졌다고 생각하는 순간 사회의 잘못된 질서에는 관심이 없어집니다. 사회의 문제에는 눈을 감은 채 나만 잘하면 잘살 수 있을 거라고 생각하게 되죠.

《동물농장》에서 돼지들은 동물들 설득에 어려움을 겪습니다. 다른 동물들이 오로지 자기 개인의 문제에만 관심을 보이기 때문입니다. 그러다 보니 몰리처럼 노예의 표시인 댕기를 계속 달고 싶어 하는 일도 생깁니다. 한편으로는 웃기지만 어쩌면 그것이 우리의 현실일지도 모릅니다.

권력은 어떻게
독재를 할까?

농장의 주인인 존즈 씨는 술에 취해 동물들에게 밥을 주지 않습니다. 동물들은 배가 너무 고파 식량창고를 공격하죠. 이에 놀란 존즈 씨와 일꾼들이 동물들의 반란을 무력으로 진압하려 하지만 한마음으로 치열하게 대항한 동물들에게 쫓겨나고 맙니다.

의도하지 않았는데 그만 혁명을 이뤄낸 동물들은 스스로 농장을 꾸려나갑니다. 그중 관리자의 역할을 하는 동물은 돼지였습니다. 앞서 말했듯 스노볼, 나폴레옹 그리고 스퀄러라는 돼지가 가장 큰 영향력을 발휘했죠.

부정부패는 어떻게 시작될까?

이 세 돼지들이 농장의 리더가 된 이유는 똑똑해서이기도 했지만, 더 중요한 점은 혁명 과정에서 죽음을 무릅쓰고 싸우다 총에 맞는 등 중요한 역할을 했기 때문입니다. 지배층을 바꾸기 위한 혁명에 핵심으로 참여한 인물들은 보통 혁명이 성공하고 나면 새로운 리더가 되어 권력을 잡습니다. 동물농장에서 일어난 혁명도 마찬가지였습니다.

이제 모든 일이 술술 풀려갔습니다. 동물들은 인간이 농장의 주인이었던 때보다는 일을 적게 하면서도 전처럼 배고프지 않았으니까요. 그런데 어느 순간부터 농장이 달라지기 시작했습니다. 농장의 과수원에서 사과가 익어가면서 바람에 떨어진 사과들이 여기저기 뒹구는 걸 본 동물들은 사과가 공평하게 분배되리라고 생각하지만, 어느 날 그 사과들은 모두 돼지들에게 주어야 한다는 명령이 떨어지죠.

잘못된 조치에 몇몇 동물들이 수군거려도 소용이 없습니다. 권력을 쥔 돼지 전원이 합의해 결정한 문제인데다가 사사건건 대립했던 스노볼과 나폴레옹도 그 문제에서만큼은 의견이 같았으니까요. 그리고 달변가인 스퀼러는 농장의 동물들에게 왜 그럴 수밖에 없는지를 설명합니다.

"여러분은 설마 우리 돼지들이 우리끼리만 잘 먹고 잘 살기 위해서, 또는 무슨 특권을 행사하기 위해서 그러는 것이라 생각하진 않겠지요? 사실은 우유나 사과를 싫어 하는 돼지들도 많아요. 나도 그중 하나로 우유나 사과가 싫습니다. 그런데도 돼지들이 우유와 사과를 가져가는 것은 우유와 사과에 돼지의 건강에 절대적으로 필요한 물질들이 포함되어 있기 때문입니다. 이미 과학적으로 밝혀진 일이죠. 우리 돼지들은 머리를 쓰는 노동을 하고 있습니다. 이 농장의 경영과 관리는 전적으로 우리 돼지 들에게 달려 있습니다. 우리는 밤낮으로 여러분을 보살 펴야 합니다. 그러므로 돼지들이 우유를 마시고 사과를 먹어야 하는 것은 바로 여러분을 위해서입니다. 돼지들 이 그 의무를 수행하지 못하면 어떻게 되는지 아십니까? 존즈가 다시 오게 돼요, 존즈가! 여러분 중에 설마 존즈 가 되돌아오길 바라는 분은 없겠지요?"

농장의 동물들로서는 전 주인인 인간 존즈가 다시 농장으로

우리는 1도
먹기 싫은데
다 너희를 위해서
억지로 먹는 거야!

돌아온다는 것은 상상만 해도 끔찍한 일이었습니다. 그때까지만 해도 인간이 농장의 주인일 때보다는 훨씬 살기 좋았을 뿐만 아니라 농장에서 돼지들이 먼저 건강해야 한다는 것은 너무나도 명백한 일이었으니까요.

《동물농장》에서 혁명이 추구한 최고의 가치는 평등이었고 깨지면 안 되는 원칙이었습니다. 그런데 돼지들이 우유와 사과를 자기들이 모두 가져가는 데 대해 동물들이 이의를 제기할 수 없도록 조작하면서 그 원칙을 위반하고 개인적 이익을 추구합니다. 소수에게 권력이 집중되고 난 후 사소한 부분에서부터 부정부패가 시작된 것이죠.

나름 머리가 좋은 몇몇 다른 동물들은 돼지들이 혁명의 가장 중요한 원칙에 위배된 행동을 하고 있음을 눈치 채기도 하지만, 돼지들만큼 똑똑하지 못했기에 스퀼러가 하는 말에 어떤 문제가 있는지 모릅니다.

스퀼러는 돼지들의 잘못된 행동이나 부정부패를 합리화시키면서 계속 거짓말을 합니다. 다른 동물들은 뭔가 이상한 낌새를 채도 반박을 못합니다. 농장이 어떻게 운영되는지, 어떻게 돌아가는지 알 수가 없는 동물들은 말솜씨가 좋은 스퀼러의 그럴듯한 말에 속아 넘어갈 수밖에 없으니까요.

농장을 하나의 국가라고 치면 동물들은 일반 국민들이고 소수의 돼지들은 최고의 권력층입니다. 그렇다면 스퀼러는 어떤 역할일까요? 농장의 주요 정책을 설명하기도 하고, 그에 대한 여론을 형성하기도 하는 것으로 보아 넓게 보면 언론의 기능을 담당한다고 생각됩니다.

언론은 늘 사실만 보도할까?

《동물농장》에서 일어나고 있는 이런 일들은 우리가 살고 있는 현실과는 아무 상관이 없을까요?

지금은 국민들이 국가의 모든 일을 직접 결정하는 직접민주주의 시대가 아닙니다. 대통령과 국회의원을 뽑아서 그들로 하여금 국가의 일들을 대신 결정하게 하는 간접민주주의 시대죠. 그러다 보니 대부분의 국민들은 국가가 어떻게 돌아가는지 잘 알 수가 없습니다. 따라서 언론은 이런 부분을 해결해 주어야 합니다. 국민이 뽑은 대표들과 그들이 펼치는 정책을 국민의 입장에서 감시하고 확인해야 하죠.

그러나 권력의 독재가 시작되면 언론은 이런 기능을 담당하지 못합니다. 대부분의 언론이 권력층의 부패를 감시하기보다는 눈치를 보면서 민주주의를 파괴하고 국민을 속이는 역할을 할 때가 많죠. 스퀼러처럼 말입니다.

정부가 아무리 잘해도 그중 잘못된 부분을 찾아내어 고칠 수 있도록 만드는 게 언론의 역할입니다. 정부의 눈치를 보며 정부 칭찬만 하는 언론은 국민을 속이고 있을 가능성이 높습니다.

수많은 사람이 본 영화 〈내부자들〉에서는 언론이 권력과, 재벌과 손을 잡고 어떻게 국민들을 속이고 부정부패를 일삼는지를 적나라하게 보여줍니다. 책이나 영화 등이 시대를 반영한다는 점에서 그냥 재미로만 보고 지나치기에는 뭔가 찜찜한 구석이 있는, 우리가 살고 있는 세상을 한번쯤 되돌아보게 하는 영화입니다.

민주주의 국가에서 언론은 강력한 힘을 가집니다. 《동물농장》에서 잘못된 일도 옳은 일로 바꾸는 것처럼 사람들의 머릿속을 지배할 수 있기 때문입니다. 그런 언론이 국민을 속이지 못하게 하는 방법은 무엇일까요?

올바른 언론을 가지려면 국민이 비판

적인 시각으로 언론의 보도를 돌아봐야 합니다. 신문이나 방송에 나왔다고 해서 무조건 믿기보다는 그것이 정말 제대로 된 보도인지 주체적으로 생각해 보아야 하죠. 그리고 진실을 자꾸 왜곡하는 언론은 외면하는 반면, 바른 언론은 감시하고 지지함으로써 국민의 힘을 나눠주어야 합니다.

국민들이 언론의 말을 무조건 믿으면 언론은 정부를 감시하기보다는 국민을 속이려 들 확률이 높습니다. 언론으로서는 정부에 반대해 미움을 살 필요가 없습니다. 1980년, 대한민국에서 일어난 '언론 통폐합※' 사건처럼 정부는 언제든 하나의 기업에 지나지 않는 언론을 얼마든지 다양한 방법으로 탄압할 수 있으니까요. 또 언론은 힘없고 관심없는 국민들을 속이는 편이 더 쉬울 뿐만 아니라 권력에 잘 보이면 얻을 수 있는 이득도 많기 때문이죠.

《동물농장》에서는 스퀼러에게 돼지를 제외한 다른 동물들이 속기 시작하면서 독재가 시작됩니다. 그러면서 지금 우리가 매일 접하고 있는 언론이 스퀼러처럼 행동하고 있는 것은 아닌지 묻습니다.

※ 1980년 전두환을 비롯한 신군부세력이 언론을 권력의 하수인으로 만들기 위해 언론사를 폐지하거나 통합시킨 사건을 말합니다.

어떻게 잘못을 정당화시킬까?

농장의 혁명에서 핵심은 돼지들이었습니다. 스노볼, 나폴레옹, 스퀼러가 주인공이었죠. 그들은 혁명이 성공한 뒤에 농장을 관리하고 지도합니다. 새로운 질서를 구상한 동물들이었으니 당연하다고나 할까요.

하지만 스노볼과 나폴레옹은 사사건건 의견충돌을 일으킵니다. 특히 농장에 풍차를 건설하자는 계획에서 둘의 대립은 극에 달하죠. 그러자 나폴레옹은 자신이 몰래 키워온 사냥개를 이용해 스노볼을 농장에서 쫓아내고 모든 권력을 독차지합니다. 터무니없는 풍차 건설을 주장했던 스노볼은 죄인이라며 동물들에게 충성과 복종을 강요합니다. 이제는 무슨 일이든지 나폴레옹 마음대로 할 수 있게 된 것이죠.

이후 동물들은 노예처럼 일하게 됩니다. 이전보다 더 많이, 더 열심히 일하는데도 식량배급은 반으로 줄죠. 돼지들은 호화로운 생활을 하지만 동물들의 생활환경은 존즈가 주인이었을 때보다 더 나빠져만 갔습니다.

그러더니 농장에서 일어난 좋은 일은 모두 나폴레옹 때문이고, 나쁜 일은 모두 쫓겨난 스노볼 때문이 되어 버립니다. 스노볼이 매일 밤 농장에 들어와 옥수수를 훔치고, 우유를 엎고, 달걀을 깨뜨리는 등 온갖 나쁜 짓을 저질렀다고 누명을 씌우죠. 창문이 깨지거나 배수구가 막히는 일도 지난밤 스노볼이 들어와서 그랬다고 하고, 광 열쇠를 잃어버려도 스노볼이 열쇠를 우물에 던져 넣었기 때문이라고 합니다. 동물들은 스노볼의 소행이라는 말을 믿습니다. 마침내는 스노볼이 이전 주인인 존즈의 첩보원이었으며, 지금도 동물농장을 빼앗으려는 인간들의 안내자가 되어 호시탐탐 농장을 노린다면서 스노볼을 농장 전체의 적으로 규정합니다.

나폴레옹은 스노볼을 쫓아낸 자신의 행동을 정당화시킨 후 자기는 정의의 사도로, 스노볼은 세상에 둘도 없는 악당으로 만들었습니다. 이런 인식이 농장에 퍼져 나갈수록 동물들은 나폴레옹을 더 믿을 수밖에 없었습니다. 악당을 물리친 정의의 사도니까요.

동물들에게 스노볼의 만행을 조작해 알리면서 그가 안전을 위협한다고 말할수록 동물들은 스노볼을 두려워합니다. 나폴레옹은 그 두려움 뒤로 몸을 숨기죠. 자신의 잘못된 행동조차 스노볼이라는 무서운 적을 막아내기 위해 꼭 필요한 행동이라고 합리화합니다.

동물들은 나폴레옹을 비롯한 돼지들의 부정부패와 만행을 알아차리지 못합니다. 게다가 나폴레옹이 스노볼로부터 자신들을 지켜준다면 무슨 짓을 해도 상관이 없다고 생각합니다. 자신의 생명을 지키는 일이 제일 중요하니까요.

누구로부터도 견제를 받지 않는 권력자 나폴레옹과 돼지들의 독재는 점점 더 심해지고, 농장의 동물들은 인간이 주인이

었던 때보다 훨씬 더 비참하게 살아갑니다.

왜 적을 만들까?

독재자들 대부분은 정상적이고 민주적인 절차나 방법을 통해
권력을 획득하지 않습니다. 나폴레옹이 스노볼을 쫓아낸 것처
럼 쿠데타 등의 비정상적인 과정을 통해 권력을 빼앗죠. 국민의
동의 없이 권력을 차지합니다. 국민들이 권력의 정당성을 문제
삼으면 할 말이 없죠. 때문에 국민들을 제일 무서워합니다. 설
령 권력을 얻는 과정에서 국민들의 동의를 얻었다 하더라도 마
찬가지입니다. 국가의 주인인 국민들은 얼마든지 권력자의 잘
잘못을 따져 권력을 내려놓으라고 요구할 수 있으니까요.

그런 이유로 권력을 획득한 독재자들은 국민들이 자신에게
관심을 갖지 않도록 노력합니다. 대표적인 방법이 국가 안이나
밖에 적을 만드는 것이죠.

1980년 광주민주화운동 때는 그곳에서 민주주의를 외치는
사람들을 폭도로 몰아 수많은 사람들을 희생시켰죠. 아무것도
모르는 다수의 국민들은 당시 그들을 정말로 북한과 내통해 대
한민국을 전복하려는 폭도라고 생각했던 것도 사실입니다. 정

말 무서운 군부정권의 음모였죠.

　이처럼 독재자들은 적을 만들어 국민들로 하여금 그 적을 증오할 수밖에 없도록 더 악랄하고 과장되게 꾸밉니다. 그리고 국민의 큰 반발이 예상되는 정책을 집행하려 하거나 잘못된 정책을 덮으려 할 때마다 적이 우리를 위협하고 있다며 소리를 크게 냅니다. 그것이 사실인지 아닌지는 중요하지 않습니다. 사람들이 불안에 떨면서 적에게 집중하는 동안 문제 되는 정책을 은밀히 처리하는 게 중요할 뿐이죠.

　우리나라 역시 마찬가지였습니다. 독재를 일삼던 권력자들은 항상 북한을 공공의 적으로 설정했습니다. 물론 실제로 북한의 테러행위들이 있었던 것도 사실입니다. 때문에 북한을 더욱 나쁘게 묘사하면서 북한에 대한 증오심을 극도로 높이기가 수월했습니다. 그래야만 국민들이 북한을 증오하는 마음 뒤로 자신들의 치부를 숨길 수 있으니까요.

　북한 역시 대한민국과 비슷했습니다. 북한은 지금도 여전히 독재국가입니다. 당연히 공공의 적이 필요한 북한은 대한민국과 미국을 적으로 규정하고 국민들에게 침략을 고취시킵니다. 그 결과 미국이나 남한을 두려워하게 된 북한 주민들은 점점 권력자에게 충성하고 복종하게 됩니다. 모든 독재권력에게 적은 필수적인 존재인 것이죠.

더 무서운 것은 내부에 적을 설정할 때입니다. 우리나라 현대사를 보면 6.25전쟁 이후 민주주의를 달성해 가는 과정에서 숱한 사람들이 '빨갱이'라는 주홍글씨를 단 채 죽거나 고통을 당했음을 알 수 있습니다. 독재자들이 씌운 그 누명 때문에 비참한 일생을 살아 온 분들, 또 아직까지도 그 굴레에서 벗어나지 못한 분들도 많습니다.

《동물농장》에서는 스노볼을 공공의 적으로 만듭니다. 스노볼이 농장을 위협하고 있다고 반복적으로 이야기하죠. 스노볼에게만 관심이 쏠린 동물들은 통치하기가 쉽습니다. 좋은 일이든 나쁜 일이든 스노볼만 핑계대면 권력자는 뭐든지 할 수 있으니까요. 그리고 스노볼에만 집중된 동물들은 정작 농장의 중요한 일들로부터 관심이 멀어집니다.

내부든 외부든 국가가 강력한 적을 설정해 놓으면 국민은 동물농장의 동물들처럼 국내 정치에 무관심해지기 마련입니다. 독재권력은 바로 그 점을 노립니다. 적에게만 관심이 쏠려 정작 중요한 국내 문제들은 등한시하면서 국민이 정치와 멀어지게 되면 자기와 자신의 패거리들만을 위한 정책을 펴나갈 수 있기 때문입니다.

　이런 일을 막기 위해서는 여러분과 저 같은 국민의 감시가 필요합니다. 적으로부터 국가를 지키는 일도 중요하지만 권력의 독재를 막는 것도 중요합니다. 그리고 내부 또는 외부의 적을 갑작스럽게 부각시킨다면 권력자가 자신의 잘못을 감추기 위한 행동은 아닌지 의심해 보아야 합니다. 정치에 무관심해지는 순간부터 우리의 삶의 질은 나빠지기 시작하니까요.

제 주변에는 소설을 읽지 않는 분들이 여럿 있습니다. 이유는 몇 가지 됩니다만, 공통적으로 소설이 자신의 삶에 도움이 되지 않는다고 생각하시더군요.

물론 모든 책이 인생에 도움이 되는 건 아닙니다. 그럼에도 옛날부터 읽혀 온 책들은 나름의 이유가 있습니다. 특히 세대가 바뀌어도 사라지지 않는 책들은 책에서 말하는 메시지가 지금도 여전히 유효하다는 뜻이기도 하죠.

중고등학교 시절 문학작품들은 대부분 교과서를 통해 읽게 됩니다. 그러다 보니 정답을 맞히는 방향으로만 작품을 해석하고 말죠. 그런 읽기는 어쩌면 상상력과 창의력을 가로막는 읽기 방법일지도 모릅니다.

이 책에서는 정답에 얽매이지 않으려 노력했습니다. 참고서에서 제시하는 정답과 큰 메시지는 비슷하더라도 그 과정에서 작품의 해석이 이렇게 다양해질 수 있다는 사실을 눈치 챘으면 하는 의도가 있었죠.

책의 주인은 작가가 아닙니다. 학교 선생님도 아니고, 시험 문제의 정답도 아닙니다. 책의 주인은 언제나 작품을 읽고 있는 독자입니다. 그러니 남들과 다르게 책을 읽었다 해도 걱정할 필요가 없습니다. 작가 역시 자신의 책이 다르게 해석되는 것을 보면서 많은 공부를 하게 됩니다.

책을 읽는 방법, 즉 해석은 읽는 사람마다 다를 수 있습니다. 정답을 찾는 게 아니라 자기의 느낌을 아는 것, 그 사실이 책읽기에서 가장 중요하지 않을까 생각합니다.

김세연

나는 민주주의 세상에서 살고 있을까?
– 교과서 속 소설로 사회 보기

초판1쇄 발행 2017년 6월 1일
초판2쇄 발행 2018년 6월 11일

펴낸이 정광진
지은이 김세연
일러스트 마성훈

펴낸곳 (주)봄풀출판
인쇄 예림
제책 바다
디자인 모아김성엽

신고번호 제406-3960100251002009000001호
신고년월일 2009년 1월 6일

주소 경기도 파주시 회동길 455-2, 4층
전화 031-955-9850
팩스 031-955-9851
이메일 spring_grass@nate.com

ISBN 978-89-93677-93-5 43300

이 도서의 국립중앙도서관 출판예정도서목록(CIP)은 서지정보유통지원시스템 홈페이지(http://seoji.nl.go.kr)와 국가자료
공동목록시스템(http://www.nl.go.kr/kolisnet)에서 이용하실 수 있습니다.(CIP제어번호: CIP2017011600)